REVUE DU CRIEUR

Faire des personnalités

En décembre 1901, au début de l'aventure des *Cahiers de la Quinzaine*, Charles Péguy s'adressa une mise en garde. Elle s'intitule *De la raison* et vaut pour nous aussi. Lui-même journaliste de «*quinzomadaire*», disputant les idées et documentant les faits, il mettait en garde contre ces journalistes qui «*veulent cumuler tous les privilèges de l'autorité avec tous les droits de la liberté*». Or, argumentait-il, «*le véritable libertaire sait apercevoir l'autorité partout où elle sévit; et nulle part elle n'est aussi dangereuse que là où elle revêt les aspects de la liberté*». Visant, à l'orée du siècle précédent, l'irruption de la presse de masse et, corollairement, d'un journalisme saisi par la marchandise, cette alarme vaut encore plus dans nos temps universellement communicants.

Quand elle ne s'autorise que d'elle-même et de sa popularité, quand elle entraîne ses lecteurs «*par la véhémence, l'audace, l'ascendant, moyens militaires, par le talent, moyen vulgaire, par le mensonge, moyen politique*», la médiatisation devient «*une forme de gouvernement, et non des moins dangereuses*». Aussi est-il non seulement légitime mais nécessaire de lui opposer les armes de la critique, cet examen argumenté par la raison qui, elle, «*ne se fait pas de clientèle*». Bref, quand un éditorialiste, un essayiste, un publiciste, ces figures les plus banales de la notoriété médiatique, disposent d'un magistère comparable à une «*circonscription lectorale*» et portent «*des coups redoutables*», ils ne peuvent pas «*venir pleurnicher*» – Péguy toujours – dès qu'on entend leur rendre les coups qu'ils donnent.

S'exposant lui-même à la critique, le journalisme d'enquête sur la culture et les idées qu'entend défendre la *Revue du Crieur* s'inscrit dans cette tradition. C'est la raison pour laquelle chacun de ses numéros s'attache à «*faire des personnalités*». La formule est également de Péguy qui, «*ennemi de la moiteur des complaisances moisies*», revendiquait de «*publier toujours la vérité, quand même elle nous conduit à faire des personnalités*». Après d'autres noms connus dans les précédentes, Boris Cyrulnik, Caroline Fourest, Céline Alvarez et Alain de Benoist sont donc les personnalités de cette livraison-ci. L'influence qu'ils revendiquent et assument exige contre-examen et controverse. Ce qui signifie les lire au plus près pour les discuter au plus serré, dans des enquêtes qui n'évitent aucune des questions qui fâchent. À la loyale.

SOMMAIRE

LES AUTEURS

William Blanc est historien, correspondant à l'EHESS. Il a notamment publié, aux éditions Libertalia, *Le Roi Arthur, un mythe contemporain* (2016), *Les Historiens de garde* (avec Aurore Chéry et Christophe Naudin, 2013, rééd. 2016) et *Charles Martel et la bataille de Poitiers* (avec Christophe Naudin, 2015).

Philippe Chancel poursuit une expérience photographique entre art, documentaire et journalisme. Son travail a été montré dans de nombreuses expositions, (Rencontres d'Arles, Biennale de Venise…) et a fait l'objet de nombreuses publications, dont *DPRK* (Thames&Hudson) ou *Desert Spirit* (Xavier Barral).

Nicolas Chevassus-au-Louis est journaliste indépendant, collaborateur régulier de Mediapart. Il est l'auteur de plusieurs livres, dont *Savants sous l'Occupation* (2004), *Les Briseurs de machines* (2006) ou *Malscience. De la fraude dans les labos* (2016), tous trois aux éditions du Seuil.

Laurence De Cock est professeure d'histoire-géographie à Paris et docteure en sciences de l'éducation. Ses recherches portent sur l'école et l'enseignement de l'histoire. Elle a notamment codirigé avec Emmanuelle Picard, *La Fabrique scolaire de l'histoire* (Agone, 2009) et prépare un ouvrage sur les pédagogies alternatives.

Vincent Dozol est journaliste, correspondant aux États-Unis. Cofondateur et rédacteur en chef du site BullyPulpit.fr, il a suivi la campagne présidentielle américaine et s'intéresse à la culture et à la politique pour *Libération*, la revue *Charles*, ComPol. media, *France-Amérique* et *Vanity Fair*.

Jean-Pierre Filiu est professeur des universités en histoire du Moyen-Orient contemporain à Sciences Po (Paris), après avoir enseigné à Columbia (New York) et Georgetown (Washington). Ses travaux sur le monde arabo-musulman ont été publiés dans une douzaine de langues.

Aurore Gorius est journaliste. Elle a publié plusieurs ouvrages d'enquête dont *Fils et filles de. Enquête sur la nouvelle aristocratie française* (La Découverte, 2015) et *Les Gourous de la com' dérapent* (Fayard, 2016).

Razmig Keucheyan est professeur de sociologie à l'université de Bordeaux. Il est l'auteur de *Hémisphère gauche* (2010) et de *La nature est un champ de bataille* (2014), chez Zones/La Découverte.

Mathieu Magnaudeix est journaliste à Mediapart. Il est coauteur de *Tunis Connection. Enquête sur les réseaux franco-tunisiens sous Ben Ali* (2012, Seuil) et membre de l'association des journalistes LGBT (ajlgbt.info).

Antoine Pecqueur est journaliste, spécialisé en économie de la culture. Après avoir collaboré au *Monde* de 2006 à 2012, il tient actuellement la chronique « Culture éco » dans la matinale de France Musique (chaque jour, du lundi au vendredi, à 8 h 10) et collabore comme reporter à RFI.

LA GAUCHE QUI MANQUE

Sortir de nos brouillards intellectuels

PAR LA RÉDACTION DU *CRIEUR*

Peut-on encore faire autre chose que déplorer – ou se réjouir de – l'effondrement de la gauche institutionnelle ? Le paysage intellectuel vivant, quoique éclaté, du camp progressiste et une inventivité d'action qui faisait défaut depuis de longues années invitent à ne pas sombrer dans la mélancolie. Il est toujours temps d'imaginer une autre voie, qui ne soit ni la « troisième », ni une impasse, ni condamnée à rester éternellement minoritaire. À condition d'un réarmement intellectuel en profondeur et d'un réexamen des lignes de fracture stratégiques et politiques qui à gauche n'ont jamais été si nombreuses.

Donald Trump vient d'accéder à la tête de l'État le plus puissant de la planète et de confier les clés du monde à ceux qui en précipitent la chute : les ultra-riches (la fortune cumulée des quelques membres de son administration dépasse le patrimoine combiné de plus de 100 millions de ses concitoyens), les adeptes les plus fervents du capitalisme décomplexé (un climato-sceptique à l'environnement, un avocat-lobbyiste de Wall Street à la régulation de l'économie, un P-DG d'Exxon comme chef de la diplomatie, etc.), les tenants de la réaction sociale (un antiavortement opposé à l'ObamaCare à la santé, une partisane de l'école privée à l'éducation, un symapthisant de l'*alternative right* raciste comme directeur de cabinet, etc.).

Donner aux pontes de Goldman Sachs les postes ministériels déterminants ne constitue pas une innovation. Un Républicain (George Bush père) et un Démocrate (Bill Clinton) s'y étaient exercés avant lui. Il serait donc trop facile de diaboliser la figure du magnat de l'immobilier et du professionnel de la téléréalité pour s'exonérer des erreurs commises par le passé. La victoire de Donald Trump, aiguisée par le désarroi croissant de nombreuses catégories populaires et portée par le vote des groupes sociaux privilégiés, constitue en effet à la fois l'aboutissement de logiques antérieures et un vertige inédit. Désormais, les « démocrates », qu'ils soient américains ou italiens, les « socialistes » français ou les « travaillistes » britanniques ne peuvent plus occulter leurs responsabilités dans l'arrivée aux affaires de personnages issus des mêmes moules qu'eux, mais affichant leur volonté de « rupture », même si cette rupture consistera souvent d'abord à accélérer les politiques économiques et les tentations autoritaires mises en œuvre par une social-démocratie ayant largué les amarres avec son héritage et perdu les tables d'orientation de son avenir. L'abandon de pans entiers du peuple sous l'effet de politiques inégalitaires rend aujourd'hui vain le chantage à une politique du « moins pire » (Marine Le Pen est-elle « moins pire » que François Fillon sur les questions de mœurs ou d'économie ? François Fillon est-il « moins pire » que Manuel Valls sur les politiques sécuritaires ou l'écologie ?), tout comme l'espoir d'un réflexe de « vote utile » souvent devenu inutile.

CE VERTIGE OBLIGE LA GAUCHE À SORTIR DE SES IMPASSES STRATÉGIQUES ET POLITIQUES, MAIS AUSSI INTELLECTUELLES.

Toutefois, dans le même temps, cet événement doit produire un électrochoc dans les manières de penser à gauche, dans un contexte géopolitique de militarisation des tensions et de pleine santé des pouvoirs autoritaires aux portes de l'Europe ou en son sein. Ce vertige oblige en effet la gauche à sortir de ses impasses stratégiques et politiques, mais aussi intellectuelles : il ne suffit pas que l'histoire lui ait donné raison, que ce soit en matière économique avec la crise bancaire et financière de 2008 dont le marasme se poursuit jusqu'à aujourd'hui, ou sur les questions écologiques, alors que l'année 2016 a été la plus chaude de l'histoire depuis que les relevés météorologiques existent.

D'un côté, le triomphe sans fard des bénéficiaires et des responsables des abysses d'inégalités (selon Oxfam, les huit personnes les plus riches du monde détiennent désormais une richesse égale à celle de la moitié la plus pauvre de la population mondiale) est proprement effrayant. Les Bourses affichent des hausses impressionnantes, juste après avoir exprimé leur « inquiétude » au lendemain du Brexit ou de l'élection de Donald Trump. François Fillon, le favori de la présidentielle française se revendique de Margaret Thatcher. Cette offensive tous azimuts – économique, politique et culturelle – est en train d'éloigner définitivement de la scène une gauche démotivée et dépeuplée (qui a déjà largement déserté les urnes) et des catégories populaires dont la confiance dans les institutions et l'élection s'est effondrée au point d'interdire quasiment la victoire de candidats réellement progressistes. La désaffection profonde des catégories populaires vis-à-vis des programmes de la gauche gouvernementale, qui ne leur promet aucun changement autre qu'en paroles, s'inscrit dans un monde devenu marchandise et dans le triomphe de la « *société de marché* » annoncé par Karl Polanyi. Le « *nouvel esprit du capitalisme* » étudié par Ève Chiapello et Luc Boltanski [1] s'est imposé, et on mesure tous les jours l'« épanouissement » de cette subjectivité néolibérale analysée par Pierre Dardot et Christian Laval [2]. Les politiques économiques et sociales appliquées par des gouvernements de grande coalition, ou aux couleurs politiques de plus en plus brouillées, ont induit une nouvelle « raison du monde », qui n'est ni un retour au libéralisme classique ni la restauration d'un capitalisme « pur ». Ce régime qui érode la conception traditionnelle de la démocratie ne se contente pas de voir dans le marché une donnée naturelle qui limiterait l'action de l'État. Il prétend faire de celui-ci la norme de toutes les sphères de l'existence humaine, et de l'entreprise et de la concurrence les modèles du gouvernement d'un sujet devenu entrepreneur de lui-même. L'«*oracle*» prononcé dès 2005 par le multimilliardaire Warren Buffet («*Il y a une guerre des classes, c'est un fait. Mais c'est ma classe, la classe des riches, qui mène cette guerre et qui est en train de la gagner*») a ainsi été réalisé au-delà de ses espérances, matériellement, culturellement, voire anthropologiquement.

CETTE OFFENSIVE TOUS AZIMUTS – ÉCONOMIQUE, POLITIQUE ET CULTURELLE – EST EN TRAIN D'ÉLOIGNER DÉFINITIVEMENT DE LA SCÈNE UNE GAUCHE DÉMOTIVÉE ET DÉPEUPLÉE.

De l'autre côté, sans fantasmer rétrospectivement une période où les camps auraient été cohérents et les lignes orthogonales, le temps est à la confusion politique générale. Qu'un Alain Madelin, ancien porte-étendard du reaganisme français, en vienne à dénoncer dans le programme de François Fillon une «*purge patronale*» ou qu'un Emmanuel Macron intitule son livre *Révolution* devrait, en temps normal, simplement prêter à sourire. Mais, par temps obscurs, ce confusionnisme constitue le vecteur des pires recalibrages politiques, que ce soit en termes de trajectoires personnelles ou – plus grave – de mouvements de fond. Surtout, il vient prendre le camp progressiste à la fois en étau et à revers, au motif que les mots que Marine Le Pen s'est approprié (le «peuple», les méfaits de la mondialisation et de l'Europe, le souci des «invisibles», le «descenseur» social…) seraient devenus «inemployables».

Faire que le confusionnisme ne soit pas le tombeau définitif de la gauche face à une droite radicalisée et triomphante impose des recompositions politiques, des clarifications idéologiques et des débats stratégiques. En allant au-delà des appels convenus à la «résistance» ou des considérations nébuleuses sur la «post politique» ou la «post vérité». Comme le relevait l'économiste et philosophe Frédéric Lordon de manière cinglante, «*la post politique est un fantasme. Elle est le profond désir du système intégré de la politique de gouvernement et des médias* mainstream *de déclarer forclos le temps de l'idéologie, c'est-à-dire le temps des choix, le désir d'en finir avec toutes ces absurdes discussions ignorantes de la "réalité", dont il nous est enjoint de comprendre que, elle, ne changera pas*[3]». Slavoj Zizek s'était, de son côté, employé à montrer, quelques années plus tôt, que ce qui avançait sous le masque de la «*post-idéologie*» était probablement l'idéologie la plus efficace ayant jamais régné.

Ce constat impose aussi de ne pas s'exonérer face à une descente aux enfers qui exige une remise en cause profonde de nos manières de penser. Les gauches ont en effet une lourde part de responsabilité dans leur faiblesse actuelle, même si l'offensive néolibérale menée depuis plus de trente ans, l'effondrement du bloc soviétique et la fin de l'idée d'une alternative existante au capitalisme, l'essoufflement de l'idée de progrès et la mondialisation ont objectivement renforcé la droite. Les reniements répétés, par le ralliement de tous les partis de la gauche institutionnelle à la vulgate néolibérale, à la « bonne gouvernance » des affaires sociales et économiques qui, avec l'homogénéisation sociale croissante des élites politiques, a achevé de séparer la gauche de gouvernement de la gauche réelle, plongeant cette dernière dans une incapacité à se projeter dans l'idée de « gouverner » ou même simplement de se retrouver en position hégémonique, sont les premiers responsables de cet affaiblissement. Mais la gauche fière d'être restée « de gauche » ne peut pas faire non plus l'économie d'une profonde introspection. « *Notre époque n'est pas une fête et nous y avons contribué* », rappelait un personnage du film *Le Pornographe*, de Bertrand Bonello.

La fête et la peur ont changé de camp depuis plusieurs décennies, et la gauche ne peut plus guère s'appuyer sur les cadres de pensée et d'action qui ont fait son succès au XXe siècle, dans sa version communiste ou social-démocrate : le prolétariat, le sens de l'histoire, le progrès, etc. Son paysage est fragmenté comme jamais, et chacun tente de convoquer ou de révoquer un héritage en miettes, faute d'avoir une vision claire des chemins qu'elle pourrait encore emprunter. Les orphelins d'une gauche combative qui ne s'excuse pas d'être elle-même en sont réduits à la déploration de cette fragmentation ou, pour les plus optimistes, à l'appel à recoller les morceaux. Après l'« union » des gauches et la gauche « plurielle », on oscillerait désormais entre une « belle alliance », un rassemblement de « toutes les gauches », une « réconciliation » de gauches décrétées inconciliables ou un dépassement de cette catégorie par le prisme de l'« anticapitalisme » ou de l'« insoumission ».

LE PAYSAGE DE LA GAUCHE EST FRAGMENTÉ COMME JAMAIS, ET CHACUN TENTE DE CONVOQUER OU DE RÉVOQUER UN HÉRITAGE EN MIETTES.

Pourtant, la fragmentation n'est pas, en soi, rédhibitoire, comme le montre la capacité de Marine Le Pen à accommoder une ligne incarnée par Florian Philippot avec celle dont Marion Maréchal-Le Pen est la principale représentante. Et, dans une certaine mesure, l'éclatement à gauche témoigne d'une effervescence peut-être supérieure à celle des décennies d'hégémonie intellectuelle de la gauche, où régnait une certaine *doxa* communiste. Plutôt que de traquer sans cesse les grands écarts bien réels d'une Marine Le Pen ou d'un Donald Trump, la gauche ferait bien de voir comment certaines contradictions sont surmontables, et peuvent même engendrer des scores majoritaires, à deux conditions : être arrimées à un projet puissant, susceptible de mobiliser les affects et la raison ; et s'inscrire dans une conception dynamique et non arithmétique de l'espace politique. Pendant cinq ans, François Hollande n'a ainsi cherché qu'à être le barycentre d'une gauche « molle », qu'Emmanuel Macron tente aujourd'hui de dépasser par la droite et Jean-Luc Mélenchon par la gauche. Une dynamique forte à gauche ne se fera pas sans visée inclusive, mais pas non plus par la recherche d'un improbable équilibre en son centre.

Réflexes

Mais une telle alchimie ne peut se contenter d'une mécanique de convergence ou d'une synthèse édulcorée. Elle suppose ainsi d'abord d'abandonner certains réflexes de pensée, dont le premier est cette « pensée tiède » identifiée en son temps par Perry Anderson[4]. Cette « pensée tiède » fait du socialisme de F. Hollande sa terre d'élection et dispose de relais médiatiques et éditoriaux aussi puissants que convenus, ne laissant apparaître les pensées dissidentes qu'en les reléguant dans les marges ou en les enfermant à l'intérieur de « débats », à la fois désactivés sur le fond et artificiels sur la forme. Cette pensée prétendument tempérée refuse de prendre sa responsabilité dans le marasme, alors que la « raison » n'est pourtant pas du bord de ceux qui font semblant de chercher une voie moyenne, plus juste, plus raisonnable, en réalité seulement plus frileuse. De même qu'une gauche d'antan soi-disant « responsable » avait voulu, hier, disqualifier la gauche altermondialiste – jugée par elle, irresponsable, archaïque et tiers-mondiste – sans parvenir pour autant à endiguer la dynamique néolibérale responsable de tant d'inégalités et de violences –, une gauche d'aujourd'hui qui se présente comme « réaliste » doit assumer sa responsabilité historique : celle d'avoir été le meilleur agent de la néolibéralisation des sociétés française et européenne depuis plus de vingt ans, en prétendant emprunter une « troisième voie » qui a, en réalité, pris, sous les traits de Tony Blair ou Gerhard Schröder, la figure du renoncement et de la conversion. La lucidité, désormais, consiste à refuser cette pensée tiède, dont une variante majeure emprunte le visage de l'expertise. On l'a vu lorsque des gouvernement de techniciens ont prétendu, en Italie ou en Grèce, « prendre le relais » du politique et de la démocratie sous la houlette d'institutions supranationales non élues, démonétisées, voire découvrant sur le tard les méfaits des politiques qu'elles avaient fait appliquer à coups de bâton, comme le FMI dans son rapport de mai 2016. Ce refus de la pensée tiède ne signifie pas, pour autant, le refus de tout compromis puisque, de même qu'on ne peut faire la paix qu'avec ses ennemis, on ne peut penser d'alliances et de coalitions qu'avec des dissemblables. Aucune chapelle de la gauche ne peut prétendre aujourd'hui l'emporter en demeurant dans un splendide isolement. Le travail d'organisation, de réorganisation et de réarticulation d'une hégémonie culturelle aujourd'hui battue en brèche doit produire une pensée qui rapproche et qui abandonne ces rigidités de posture présentes dans tous les secteurs de la gauche.

DE MÊME QU'ON NE PEUT FAIRE LA PAIX QU'AVEC SES ENNEMIS, ON NE PEUT PENSER D'ALLIANCES ET DE COALITIONS QU'AVEC DES DISSEMBLABLES.

Cette rigidité est notamment répandue chez certains contempteurs de la « pensée unique » ayant endossé, dans un contexte intellectuel submergé, après 1989, par une *doxa* médiatico-intellectuelle convaincue que la révolution et l'idée communiste appartenaient définitivement au passé, le rôle de rappeler la pertinence de la critique anticapitaliste et antilibérale. Leur indéniable lucidité d'antan autorise certains d'entre eux à se croire les « gardiens du temple » de la radicalité et les porte-parole exclusifs d'un radicalisme oscillant entre impasses stratégiques et conformisme sûr de lui, à partir de constats pertinents, mais qui, à force de servir de seule boussole politique, conduisent à des impasses stratégiques les condamnant à rester ultra-minoritaires. Ces porte-parole se refusent de voir ce qui surgit et se contentent finalement de rabattre les monstres actuels sur les structures qui les ont engendrés, de multiplier les procès en tartufferie envers quiconque ferait un pas vers eux s'il ne les a pas accompagnés depuis le berceau et de s'isoler dans des replis sectaires plutôt que d'affronter la possibilité de causes communes. Cette radicalité-là est victime de son « mono-idéisme », qui peut prendre pour sujet aussi bien l'obsession de la sortie de l'Union européenne, la question coloniale ou l'impérialisme américain. On a vu ainsi un économiste de l'EHESS frayer avec le Front national au motif qu'il serait le seul parti prêt à rompre avec l'euro ; des intellectuels « indigénistes » défendre des mariages non mixtes entre « non-Blancs » en révoquant de fait l'histoire des luttes émancipatrices de la gauche, en particulier le féminisme ; des anticapitalistes vomir Mélenchon parce qu'il a été sénateur socialiste et qu'il ne chercherait qu'à « rabattre » des voix pour le PS ; ou encore le candidat de la « France insoumise » renvoyer dos à dos les Mig ultramodernes de l'aviation russe et les roquettes antichar des rebelles d'Alep par réflexe anti-impérialiste et antiaméricain.

Le troisième écueil dans la manière de raisonner se situe à l'exact opposé de la pensée rigide et prend la forme d'une pensée-girouette, dont Manuel Valls, après Arnaud Montebourg, est aujourd'hui l'incarnation, que ce soit sur le 49.3, la Cour de justice de la République ou la prétention bien illusoire à rassembler deux gauches qu'il jugeait incompatibles. Il existe en effet de réelles lignes rouges qui ne permettent ni circulation alternée ni navigation au gré des flux électoralistes ou des tendances médiatiques. François Hollande avec ses ponts vers la finance ou la déchéance de nationalité ; Manuel Valls avec le forceps de la loi Travail ou sa vision martiale-sécuritaire du monde et de la société ; ou encore toute une gauche qui construit à l'intérieur un « problème musulman » lui permettant de détourner les yeux de la question sociale, et à l'extérieur un « problème djihadiste » qui lui permet de se laver les mains dans le sang d'Alep… Toutes ces prétendues gauches ont abordé des continents sans retour. Pour autant, le refus d'une pensée girouette implique de rester dans une démarche inclusive qui, tout en étant ferme sur les lignes rouges, n'exige pas de l'autre qu'il aille à Canossa devant tel ou tel pape autoproclamé de la « vraie » gauche. Si une partie du camp progressiste passe son temps à reprocher à l'autre d'avoir eu des yeux doux pour des autocrates tropicaux et que celle-ci juge définitivement impardonnable d'avoir rédigé trois paragraphes en 1987 pour la Fondation Saint-Simon, la gauche sera longtemps condamnée à se tromper d'adversaire.

Le quatrième réflexe qui complète la paralysie de l'hémisphère gauche est une pensée dont le rapport au temps est figé, sous trois aspects différents, mais complémentaires. Le premier est une forme de nostalgie permanente en forme de néo-ouvriérisme, de ressassement des luttes victorieuses et de déploration devant l'éloignement de ces Trente Glorieuses où la « centralité ouvrière » était le moteur des luttes et des conquêtes sociales. Le second prend les traits d'un optimisme téléologique consistant à expliquer, en substance, que la victoire de Trump constitue le dernier sanglot du mâle blanc *redneck,* au motif qu'il suffit que les sociétés occidentales soient en train de devenir inéluctablement plus ouvertes, métissées et libérales, pour pouvoir attendre sereinement des transformations politiques positives. On repère cette tendance dans la confiance excessive envers le mouvement historique des « multitudes » chères à Toni Negri et Michael Hardt, auxquelles les technologies numériques offriraient la possibilité de se constituer en un « *general intellect* » dont la nouvelle organisation du travail permettrait de dépasser pour ainsi dire « naturellement » le capitalisme[5]. Le dernier versant de ce rapport figé au temps est celui qui se complaît, à l'inverse, dans la contemplation du désastre et les visions de la catastrophe. Alors que l'apocalypse semble, sinon déjà en cours, du moins en point de mire, le Comité invisible, ou encore René Riesel et Jaime Semprun, dans *Catastrophisme, administration du désastre et soumission durable*[6] ont raison d'avertir sur la façon dont cette rhétorique de la fin du monde permet de faire accepter aux populations des conditions de vie sans cesse plus dures. « *En adoptant la gestion de crise comme technique de gouvernement* », le capital aurait ainsi « *substitué au culte du progrès le chantage à la catastrophe* », parce que « *le but de la prophétie n'est jamais d'avoir raison sur le futur, mais d'opérer sur le présent* »[7].

SORTIR DE CES RÉFLEXES DE PENSÉE EN FORME DE CUL-DE-SAC SUPPOSE DE CREVER LES BULLES NUMÉRIQUES, SOCIALES, SPATIALES OU INFORMATIONNELLES QUI N'ONT FAIT QUE SE DURCIR.

Sortir de ces réflexes de pensée en forme de cul-de-sac suppose une forte dose d'introspection, car ils peuvent cohabiter en chacun. Cela impose aussi de crever les bulles numériques, sociales, spatiales ou informationnelles qui n'ont fait que se durcir. Mais surtout de tenter de résoudre de vrais nœuds qui étranglent aujourd'hui le camp progressiste.

Nœuds

Jamais, historiquement, la gauche n'a connu autant de lignes de clivage politico-intellectuelles. Parmi les ligatures les plus solidement nouées, on trouve la question de la nation et de la souveraineté (et l'Europe), celle de la laïcité, de l'islam et du multiculturalisme, du libéralisme et des places respectives de l'individu et de la société ou des politiques dites « minoritaires » dans le projet d'émancipation, de celles de la question raciale et de la question sociale, du rapport aux urnes, de la vision du progrès, de la tension entre exigence démocratique d'horizontalité et besoin d'institutions verticales, du rôle des technologies dans les nouvelles formes d'aliénation, de l'échelle de l'organisation de la vie sociale et politique, ou encore des manières de réagir et de s'organiser face à l'incendie planétaire…

Certains de ces nœuds relèvent en premier chef du narcissisme des petites différences et de la promptitude de l'« *Homo sinistra* » à commencer par taper sur le plus proche de lui avant de s'intéresser à son adversaire direct. D'autres se fondent davantage sur des analyses divergentes érigées en barrières infranchissables. Pourtant, un effort d'honnêteté intellectuelle permettrait sans doute de discuter, de surmonter ou de hiérarchiser ces contradictions. D'autres encore relèvent de lignes de fracture profondes et témoignent de tensions qui distinguent des gauches irréconciliables, et donc des perspectives stratégiques et/ou politiques qui ne peuvent cohabiter.

Parmi les clivages qui opposent parfois inutilement différents pans de la gauche et créent des désaccords là où des alliances, ne serait-ce que de circonstance, pourraient être formées, et ne servent même parfois qu'à flatter le plaisir d'avoir raison contre son voisin, on trouve la tension entre horizontalité et verticalité, la dichotomie entre État et autogouvernement, l'accent mis sur les mouvements sociaux ou la politique institutionnelle, voire la stratégie des « petits gestes », de type « colibri », pour parler comme Pierre Rabhi. Sans se confondre ni se recouvrir, ces oppositions se répondent parce qu'elles relèvent de lignes de partage proches sinon similaires : jouer le jeu des institutions existantes ou rester en dehors, être plus ou moins attentif à la forme des mobilisations (pensées comme des préfigurations des mondes à venir) ou à leurs fins, ou opposer mobilisation locale et action globale.

PARMI LES CLIVAGES QUI OPPOSENT PARFOIS INUTILEMENT DIFFÉRENTS PANS DE LA GAUCHE, ON TROUVE LA TENSION ENTRE HORIZONTALITÉ ET VERTICALITÉ.

La tension entre verticalité et horizontalité aurait ainsi, dernièrement, scindé le mouvement Nuit debout et fragiliserait aujourd'hui Podemos. Une gauche allant du *Monde diplomatique* au Comité invisible jusqu'à certaines organisations de la gauche associative, syndicale ou politique se démarque ainsi des dynamiques de type Occupy ou « Indignés », soupçonnées d'être excessivement soucieuses des procédures démocratiques et des processus de la mobilisation, et d'être ainsi vouées à l'échec faute de ne pas se poser la question du pouvoir. Pour l'essayiste Thomas Frank, s'exprimant dans les colonnes du *Monde diplomatique*, le mouvement Occupy serait ainsi tombé « *amoureux de lui-même* » en même temps que dans le piège d'une contestation sans revendication[8]. Il est pourtant évident que le mouvement né à Zuccotti Park avait quelque pertinence à choisir de mobiliser autour de la question de la dette (des ménages ou des étudiants) plutôt qu'autour du travail et de la grève (ce qui suppose d'être salarié) et que la campagne antidette menée après l'occupation invalide l'idée d'un mouvement naïf et incapable de se donner des buts. Tout comme il est évident que la Nuit debout n'aurait pas pris son envol sans l'organisation de membres ou de proches du *Monde diplomatique* et sans le corpus du Comité invisible, pourtant prompt à moquer les angoissés de la démocratie directe.

Ces accusations réciproques tiennent davantage du souci de se démarquer d'un groupe à un autre que d'une contradiction philosophique ou politique fondamentale. Quiconque a lu honnêtement les anthropologues anarchistes James C. Scott ou David Graeber ou l'*Imperium* de Frédéric Lordon ne peut traiter les premiers de doux rêveurs imaginant un monde spontanément autogéré et le second comme un kolkhozien autoritaire. Et les expériences d'autogouvernement du Chiapas, des communautés mexicaines autogérées au Guerrero et au Michoacan, ou encore des Kurdes du Rojava, si elles se pensent sans État, parce que ceux-ci sont défaillants ou malveillants, ne se vivent pas sans institutions.

En Espagne, où la création et les succès électoraux de Podemos dans la foulée des mobilisations indignées ont reposé la question du rapport des forces contestatrices aux mouvements sociaux, les « marées » de Galice ou les mairies prises grâce à des élaborations politiques singulières à Madrid ou Barcelone (avec une maire issue de la plate-forme antiexpulsion) rappellent qu'il est possible de « squatter le pouvoir[9] » et de « prendre d'assaut » les institutions pour les transformer, à condition de savoir qu'il ne s'est pas rien passé entre l'occupation de la Puerta del Sol par le 15 M en 2011, et l'émergence de Podemos en 2014 : cette période à été mise à profit pour bâtir de multiples expériences éloignées des radars médiatiques mais déterminantes pour construire les convergences des années suivantes. Le nœud actuel que se fait la gauche autour de la possibilité, du danger ou de la nécessité d'un « populisme de gauche », tel qu'il est prôné par Chantal Mouffe et repris à son compte par J.-L. Mélenchon, est en partie lié à une inquiétude excessive, qui juge que parce que celui-ci constitue, dans les mots, le reflet du « populisme de droite », il risquerait d'en être aussi le miroir dans la réalité. Or la tension est en grande partie dénouable par l'idée qu'il existe mille manières de construire un sujet de la transformation sociale qui peut ne pas se réduire, ou plutôt se diluer, dans cette catégorie nébuleuse, quoique politiquement mobilisatrice, de « peuple », quand bien même il s'agirait d'un peuple toujours à venir. L'idéologie, la pratique et même les références politiques et intellectuelles peuvent coulisser de manière variable selon qu'on se situe dans la tactique électorale, la mobilisation stratégique ou la construction de projets.

D'autres nœuds plus serrés, car ils impliquent des différences d'orientation stratégique peuvent toutefois être dépassés ou réarticulés, par exemple concernant la question de la souveraineté et donc la question européenne, sur laquelle les gauches doivent pouvoir s'entendre sur le fond (le caractère vicié à la base des institutions européennes), à défaut de partager les mêmes visées tactiques (en sortir ou non ? Et, si oui, quand et dans quels termes ?). Il existe en effet un espace entre les accusations de repli national lancées à l'encontre de quiconque juge qu'il faut des protections face aux dumping écologiques et sociaux et que l'Europe actuelle ne peut être réformée, et une pensée-panacée qui fait de la sortie de l'euro l'alpha et l'omega de toute politique en refusant de répondre aux inquiétudes posées par l'idée d'un « détour national » dans un contexte de durcissement et d'ethnicisation croissante des questions sociales. La perte de souveraineté populaire est réelle, la volonté de reprendre le contrôle légitime, et l'idée que les frontières peuvent être aussi des protections n'est pas, en soi, abominable. La question demeure ouverte de savoir quel est le meilleur échelon – local, municipal, national, transnational – pour regagner une souveraineté élimée. Mais condamner par avance comme « nationalistes » celles et ceux qui veulent réhabiliter un échelon national, y compris quand ils précisent qu'ils ne fondent la « Nation » sur aucune homogénéité raciale mais proposent même de la définir comme le lieu où l'on paye ses impôts, ce qui inclurait les immigrés et exclurait les évadés fiscaux, ne permet que d'accentuer la libre circulation des capitaux et des marchandises, pas celle des hommes ni des idées.

LA QUESTION DEMEURE OUVERTE DE SAVOIR QUEL EST LE MEILLEUR ÉCHELON – LOCAL, MUNICIPAL, NATIONAL, TRANSNATIONAL – POUR REGAGNER UNE SOUVERAINETÉ ÉLIMÉE.

À l'heure où certains, y compris à gauche, s'effarouchent de replis communautaires qui viendraient saper ce qui fait le destin partagé d'un État-nation, il faudrait clarifier une bonne fois cet épouvantail du « communautarisme » qui effraie les plus républicains à gauche. S'il est difficile de nier des replis sociaux, spatiaux ou religieux dans certaines banlieues, il faut tout de même rappeler que le groupe social qui remplit le mieux les critères les plus stricts du « communautarisme » (entre-soi et sécessionnisme spatial et immobilier, endogamie maritale et familiale, fraude socioéconomique et sentiment d'impunité qui va avec) demeure… la grande bourgeoisie et, d'une manière plus générale, les secteurs les plus fortunés de la population de notre pays.

Sur le libéralisme et l'individualisme, contrairement à ce que veulent nous faire croire quelques polémiques surjouées, il n'existe pas de contradiction ultime à se vouloir libéral en termes de mœurs et antilibéral en termes économiques ; entre le commun et les politiques minoritaires. Mais, plus profondément, les écarts se creusent entre, pour le dire vite, d'un côté, une gauche dont Jean-Claude Michéa s'est fait le théoricien et qui séduit une partie du camp écologiste et antiproductiviste en reprochant à la modernité d'avoir débridé l'individualisme et en critiquant les désirs consuméristes et la revendication de droits personnels comme une « dictature des minorités » décomposant le socle d'une société commune et l'unité du peuple ; et, de l'autre, une gauche minoritaire qui ne considère pas que le « libéralisme culturel » constitue le faux nez du libéralisme économique, mais un enjeu de reconnaissance et de lutte contre des situations de domination irréductibles à la question sociale dans son sens historique. En jugeant qu'il faudrait choisir entre la critique du néolibéralisme et la critique des discriminations, toute une partie de la gauche rompt en réalité avec l'histoire des luttes qui l'ont constituée, jusqu'à, parfois, au nom de la défense des « limites » (de la planète ou de l'être humain), frayer avec des décroissants-catholiques issus de la Manif pour tous. Cette jonction, autour de la critique du progrès, entre une gauche orwellienne et technophobe et une droite traditionnaliste exige d'être contrée à la fois en sauvant l'idée d'un progrès social et politique débarrassé de son productivisme et de son optimisme béat, et en permettant matériellement et idéologiquement aux anciennes majorités sociales, ethniques ou géographiques, tout comme aux minorités non privilégiées, de participer aux acquis de la modernité.

EN JUGEANT QU'IL FAUDRAIT CHOISIR ENTRE LA CRITIQUE DU NÉOLIBÉRALISME ET LA CRITIQUE DES DISCRIMINATIONS, TOUTE UNE PARTIE DE LA GAUCHE ROMPT EN RÉALITÉ AVEC L'HISTOIRE DES LUTTES QUI L'ONT CONSTITUÉE.

Sur la protection sociale, face à un clivage qui aime mettre en scène une éternelle querelle des anciens et des modernes, la question brûlante du revenu universel est riche d'enseignements. Elle opposerait une gauche convaincue de pouvoir inventer de nouveaux dispositifs au risque de tomber dans le piège libéral tendu par Milton Friedman en fournissant les nouvelles « *armées de réserve du capitalisme* », à une autre qui croit d'abord à la défense des acquis de l'après-guerre et au maintien des précieux héritages. Même s'il serait sans doute envisageable de dessiner, en pratique, des positions sinon médianes, du moins compatibles, il y a ici matière à un véritable choix sur l'orientation du projet de refondation que l'on recherche. Soit on juge, comme le fait par exemple Mona Chollet[10], qu'un saut dans l'inconnu pourrait mener à des expérimentations inédites et que le libre usage de son temps permis par un tel dispositif pourrait nous entraîner dans des directions beaucoup plus émancipatrices qu'on ne l'imagine. Soit on continue de considérer que la sécurité sociale et la solidarité collective sont des formes de redistribution précieuses qui risquent d'être emportées par l'instauration d'une « pension » à vie par le capital, et doivent donc être défendues *mordicus*, sans que cela interdise l'expérimentation d'autres dispositifs complémentaires pour répondre aux transformations de l'économie. Même s'il est important de pouvoir penser la rupture, il semble difficile de ne pas s'inquiéter de ce qu'une « solution » pour demain, en apparence radicale et simple, risque d'être un leurre, si elle se contente de proposer de nouveaux dispositifs, même inventifs, sans suffisamment se soucier des philosophies politiques et idéologiques qu'ils portent, ni surtout des structures qui les rendent possibles, en l'occurrence rien de moins que le système capitaliste lui-même.

D'autres nœuds, enfin, supposent de véritables mises au point idéologiques, qui conduiront à d'inévitables ruptures, parce qu'ils départagent des pensées qui n'ont plus de gauche que l'apparence ou le nom. La manière dont une partie de la gauche, au nom de la République ou de la laïcité, produit une lecture du monde social en termes d'appartenance religieuse/identitaire n'est plus acceptable : il n'est plus possible de continuer à considérer qu'une authentique politique d'émancipation ne peut être menée que sous l'étendard de la raison délivrée des superstitions religieuses. La haine de la religion, présente dans une bonne partie des gauches françaises, est un archaïsme qui les empêche d'être au contact d'une large frange des classes populaires. Sur l'islam, puisque c'est bien la religion dont il s'agit quand on parle de laïcité ou de république, il y a une place pour une compréhension fine de ce qui advient aujourd'hui, même s'il n'existe plus d'espace partagé, ni partageable, avec une vieille gauche en faillite, dont Jacques Julliard constitue la dernière version fossilisée. Ce n'est pas, en effet, épouser aveuglément la cause des « *damnés de la terre* » que d'observer que les partisans d'une laïcité agressive alimentent une islamophobie politique, médiatique et populaire, à moins de considérer que tous ceux qui s'en démarquent, tels le pape François ou Emmanuel Macron, appartiennent aussi au camp des dangereux « *islamo-gauchistes* », une catégorie d'analyse aussi floue qu'indigente. Ce n'est pas non plus être naïfs et angéliques que d'insister sur la nécessité de lutter contre le danger terroriste sans pour autant céder à l'invention récurrente d'ennemis imaginaires ayant les traits de ces jeunes filles voilées à l'université ou de ces mères de famille en burkini sur la plage.

LA HAINE DE LA RELIGION EST UN ARCHAÏSME QUI EMPÊCHE UNE PARTIE DES GAUCHES FRANÇAISES D'ÊTRE AU CONTACT D'UNE LARGE FRANGE DES CLASSES POPULAIRES.

Un minimum d'honnêteté intellectuelle est aussi suffisant pour entendre que tout ne s'explique pas par la grille anti-impérialiste et « *décoloniale* ». Après avoir connu une vague de révolutions politiques, le Moyen-Orient est aujourd'hui plongé dans une guerre civile et religieuse qui n'est réductible ni aux effets des guerres passées et présentes menées par les Occidentaux, Américains en tête, ni à la question des enjeux pétroliers et des tracés des gazoducs.

Certes, même si c'est compréhensible dans ce contexte de stigmatisation des populations de croyance et/ou de culture musulmanes dans lequel nous baignons, une partie de la gauche radicale a choisi de faire de la question « raciale » une cause prioritaire, voire exclusive. À l'inverse, une frange de la gauche radicale s'est faite, en réaction, explicitement « antiracialiste », considérant que la mise en avant exclusive de la question raciale est une forme de racisme inversé et un reniement de la lutte des classes. En parallèle, une fraction du camp « indigéniste » s'est engagée dans un raidissement identitaire explicable face au rouleau compresseur réactionnaire. Ce choix, nous pouvons le leur reprocher car il engage un type de combat qui la condamne à une impasse stratégique en ce qu'il force ses défenseurs à demeurer plus que minoritaires et inaudibles dans l'opinion, et à rendre impossible la construction d'alliances politiques, au-delà de ponctuelles convergences de luttes. Mais les nœuds qui se sont développés sur les groupes non mixtes racontent au moins deux choses. D'un côté, on doit considérer tactiquement l'*empowerment* que peut permettre la non-mixité sexuelle ou raciale, à condition non d'en faire une fin, mais un moyen nécessairement circonscrit dans le temps et dans l'espace. De l'autre, on doit s'inquiéter de la manière dont cette non-mixité flatte un penchant existentiel de toute une partie de la gauche qui se trouve toujours mieux entre soi que confrontée à l'autre. S'il y a un sens à vouloir se « construire » ou se « reconstruire » existentiellement à l'écart du monde et d'un système politique institutionnel en bout de course et peu bienveillant, ce choix ne peut aller sans perspective de dialogue et de coconstruction avec d'autres forces et d'autres catégories sociales dont les intérêts communs et les ennemis politiques sont à identifier.

Il existe, en outre, suffisamment d'articulations réelles entre question sociale et question « raciale » – ne serait-ce que la composition concrète des classes populaires – pour que nous n'ayons pas à choisir entre la défense des ouvriers blancs et celle des « Arabes » musulmans. Les sociétés européennes ont certes été transformées en profondeur par l'apport migratoire des dernières décennies et présentent aujourd'hui un visage beaucoup plus divers qui impose de veiller sur les malaises d'un monde social fragilisé économiquement. Mais il est possible de prendre en compte les communautés et les cultures sans vouloir les rattacher au forceps à une improbable souche homogénéisée *a posteriori*, en redéfinissant les conditions de fonctionnement et les exigences d'un creuset social qui ne soit ni un « *open bar* » multiculturaliste ni une nouvelle variante de l'assimilation coloniale. Cela n'implique ni « *déni des cultures* » ni de brandir avec effroi une « *insécurité culturelle* » qui ne fait que durcir les difficultés et les rivalités en les rendant irréductibles. Ceux qui pensent ainsi incarner une « *gauche forte* » ou un « *constat lucide* » face à une gauche « *bien pensante* » ne font que chevaucher les dérives du camp adverse.

Tous ces nœuds ne se résoudront qu'en s'approfondissant et en se clarifiant, non en édulcorant les contradictions réelles qu'ils contiennent mais parce que ces contradictions sont surmontables à condition qu'elles permettent de dégager ensemble des sentiers en friche, qu'ils aient été abandonnés aux mauvaises herbes ou demeurent peu empruntés. Parmi ces pistes, non exclusives, plusieurs peuvent constituer une base de départ pour une reconquête des terrains perdus ou délaissés.

Pistes

La première exige de mener une bataille culturelle bien plus combative, après avoir cru à une l'hégémonie de l'intelligence de gauche au point de ne pas repérer plus vite les artisans habiles et bien équipés matériellement et financièrement de la contre-révolution néolibérale, puis réactionnaire, menée depuis les années 1980 et préparée bien en amont. À l'heure où le candidat de droite à l'élection présidentielle française exige un « *choc libéral* » pour la France, il est temps, sans aller jusqu'à exiger un « choc communiste », de se montrer aussi offensif qu'une droite dont le traditionalisme social et les vieilles recettes économiques ont mené le pays jusqu'au mur de souffrance sur lequel s'abîme une grande partie de la population. La réactivation de la bataille culturelle passe par la capacité à ressusciter un autre récit que celui inauguré par Friedrich Hayek. Comme le souligne l'essayiste Georges Monbiot : « *Ceux qui racontent les histoires dirigent le monde. Notre tâche fondamentale est d'inventer une nouvelle histoire pour dire ce que signifie être humain au XXI*e *siècle. Ce récit doit être aussi attractif pour certains électeurs de Trump ou du Ukip que pour les partisans de Clinton, Bernie Sanders ou Jeremy Corbyn*[11]. » Un tel récit implique notamment d'inverser le discours réducteur du néolibéralisme faisant de l'être humain un individu intéressé et calculateur, en s'appuyant par exemple sur Kropotkine, qui faisait de l'entraide un facteur de l'évolution, ou Castoriadis, selon lequel l'homme est cet être inapte à la vie qui, pour survivre, doit créer sociétés et institutions, et ainsi se montrer coopératif par défaut. Il faut toutefois noter qu'un tel récit n'est susceptible d'avoir des effets politiques réels que s'il s'accorde à une configuration socio-historique qui en confirme la validité. Ainsi, le récit de la « lutte des classes moteur de l'histoire », quoique simpliste au regard de la complexité sociologique produite par la division du travail sous le capitalisme, a-t-il pu s'imposer parce qu'il a rencontré une certaine réalité matérielle des force productives et pu ainsi servir de « détonateur » en permettant le fameux passage de la classe « en soi » à la classe « pour soi ».

La deuxième impose sans doute de prendre et garder la rue. Même une droite qui n'avait guère la culture de la manifestation a compris que mobilisation dans les urnes et dans la rue non seulement ne s'opposent pas, mais se nourrissent mutuellement. Ce sont les réseaux de la Manif pour tous qui ont mené à la victoire de François Fillon à la primaire de la droite et du centre. Toutefois, « la rue *versus* les urnes » ne constitue pas simplement un axe que chacun fait coulisser différemment, au gré de ses engagements, de ses priorités ou des disponibilités. La rue, comme figure d'incarnation populaire, certes instantanée et partielle, constitue en effet le rappel nécessaire de la centralité de la question sociale (comme on l'a vu en 1995 sur la question des retraites lors de la dernière « victoire » politique de manifestants ou au printemps dernier à l'occasion de la loi « Travail ») dont l'abandon est à la racine des maux de la gauche.

LA RUE, COMME FIGURE D'INCARNATION POPULAIRE, CONSTITUE LE RAPPEL NÉCESSAIRE DE LA CENTRALITÉ DE LA QUESTION SOCIALE.

La troisième passe par la réanimation du désir d'égalité, à la fois décisive et seule à même de réconcilier défense des minorités et lutte contre les conséquences de l'ultralibéralisme. Mais, pour en refaire un désir au moment où d'autres affects semblent l'emporter (réussite, soif de liberté, affirmation individuelle…), et non une simple « valeur » invoquée rituellement par certains et contestée par d'autres comme synonyme de grisaille soviétique, peut-être faut-il reformuler l'espoir égalitaire (sans lequel il n'est pas d'issue pour la gauche) en première personne : non pas contre l'individu, en tant qu'il serait l'ennemi des solidarités collectives, mais depuis ses aspirations. Penser une égalité en première personne, qui n'épouse pas les traits honnis de l'égalitarisme homogène, ni ne se contente de se flatter d'une égalité souvent confondue avec une pseudo-« égalité des chances », impose de développer un monde « commun » dans la perspective dessinée par Pierre Dardot et Christian Laval : un commun comme dépassement de l'opposition entre propriété privée/propriété publique, un commun comme *pratique* susceptible de déjouer les pièges de l'appartenance communautaire *a priori*, puisque c'est d'abord, voire seulement, dans la pratique que peut se fabriquer et se nouer la communauté[12].

La quatrième suppose une capacité à prendre en compte le fait qu'une politique cohérente ne peut se contenter de vouloir agir sur les structures ou bloquer les infrastructures, mais doit se soucier de la vie elle-même – sans pour autant se complaire dans l'idée nébuleuse du développement des « formes de vie », qui peut aussi se révéler être un succédané de la politique en forme de tentation esthétique. La reconnaissance que le « *partage du sensible* » fait intégralement partie de la politique ne doit pas masquer la limite d'une attention démesurée aux formes de vie, se concentrant seulement sur les manières d'habiter le monde, la beauté du geste ou la pertinence du slogan, sans guère se soucier de l'efficace de la démarche, voire en s'inscrivant dans un processus élitiste et déconnecté. Entre position « radical-chic » et renoncement à peser sur les structures qui nous entourent, cette attitude parfois « escapiste », certes tentante pour qui en a les moyens, risque de s'apparenter à un dandysme aussi obsolète qu'inoffensif. Giorgio Agamben ou Marielle Macé ont attiré l'attention sur l'obligation de s'intéresser aux « formes de vie ». Sans doute cette question peut-elle aider à se dépêtrer du nœud des valeurs et de leurs hiérarchies, en assurant un « *passage d'une attention aux modes d'être à la décision d'en protéger certains et d'en accuser d'autres* », qui dessine non pas un « *domaine du savoir pacifiable sur lequel nous aurions tous à nous mettre d'accord, mais un terrain où s'opposent nécessairement des décisions sur la vie*». Mais comment la «*stylistique de l'existence*», telle que la revendique Marielle Macé, peut-elle engager réellement «*des suites d'appropriations, de dépropriations et d'expropriations*», qui dévalorisent certaines formes de vie et en promeuvent d'autres, et permettent de décider collectivement des «*formes qui comptent*»? Il n'est pas prouvé qu'une politique des modes de vie puisse offrir les conditions d'une véritable transformation sociale.

Toutefois, ce qui semble aujourd'hui un préalable fondamental dans l'enjeu des dissipations des brouillards de la gauche est sans doute la définition de ce qu'on peut appeler l'acteur ou le sujet de la transformation sociale (ou révolutionnaire). Si la droite se donne ouvertement (ou non) le soin de défendre les intérêts des classes dominantes, il revient à la gauche (faut-il le rappeler) de penser son action en fonction de ceux qui, dans la société, ont «*intérêt à l'émancipation*» (J. Habermas). La tradition socialiste et sociale-démocrate, qui a longtemps dominé la gauche, avait pour base sociale le mouvement ouvrier dans la forme du prolétariat – terme qui a aujourd'hui disparu des discours publics. La gauche libérale-sécuritaire prétend vouloir défendre les intérêts de tous, mais en réduisant la société à une simple collection d'individus ou d'entités: pauvres, chômeurs, salariés, entreprises, etc. Se doutant que cela ne suffit pas, elle choisit le plus souvent de considérer que l'intérêt bien défendu des plus riches aura, *in fine*, un effet positif sur la condition de classes subordonnées (selon la théorie fallacieuse ultralibérale du *trickle down*, ou «effet de ruissellement»).

Face à la disparition du prolétariat (qui ne signifie pas la disparition de la condition ouvrière) et de la difficulté à mobiliser un «précariat» hétérogène, on a assisté, depuis quelques années, à des tentatives de redéfinition de ce sujet de la transformation sociale. Au sein d'une gauche attentive au vertige inégalitaire: le salariat (tel qu'il est pensé par Gérard Filoche), les classes moyennes (dont on peine à trouver une définition politiquement opérationnelle et mobilisatrice), les classes populaires (elles-mêmes parfois clivées entre populations blanches et non blanches), le peuple, les 99%, etc. Au sein de la gauche plus radicale, la reconfiguration s'organise souvent autour de luttes «*single issue*» qui définissent des sujets minoritaires. Que ce soit les LGBT, les migrants, les indigènes, chacun cherche et trouve son «peuple» à défendre, au risque de l'héroïsation. Dans d'autres secteurs, on constate à l'inverse le succès intellectuel de redéfinition a-sociologique du sujet révolutionnaire, comme chez Toni Negri et Michael Hardt où la «*multitude*» n'a pas produit une redéfinition opératoire des masses; ou chez Alain Badiou, où la révolution semble demeurer un événement métaphysique sans sujet identifié, loin de l'«analyse concrète des situations concrètes» que professait Lénine. À quoi il faut ajouter une pensée écologiste infusée par les travaux de Bruno Latour, d'Eduardo Viveiros de Castro, de Philippe Descola, des penseurs de la rupture anthropocène ou encore de l'axe «sorcières-écoféministes», qui met «Gaïa», la nature, le «système terre», la planète, les non-humains ou les êtres muets et menacés, non seulement au centre de ses préoccupations, mais au cœur des transformations possibles.

QUE CE SOIT LES LGBT, LES MIGRANTS, LES INDIGÈNES, CHACUN CHERCHE ET TROUVE SON « PEUPLE » À DÉFENDRE, AU RISQUE DE L'HÉROÏSATION.

Il n'y a sans doute pas à choisir entre ces différents sujets de l'émancipation ou de la révolution. Mais il est urgent de produire entre eux une alchimie qui ne soit pas que du verbe. Ce qui demande de créer un alliage dont les différentes composantes acceptent d'être, chacune, transformées, afin de permettre une dilatation générale et une augmentation de masse.

Peut-être un espoir se dessine-t-il aujourd'hui dans la manière dont des franges plus nombreuses de nos sociétés fabriquent leur rapport au monde tel qu'il est. Un rapport de défiance radicale face à la mascarade du spectacle et de désillusion complète vis-à-vis de l'incurie et de l'impuissance de ce qu'il faut bien appeler la « politique » face aux urgences qui nous convoquent ; un rapport où, les formes d'organisation traditionnelles ne pouvant plus s'offrir comme « béquilles » ou « remèdes » à leur manque de collectif et d'actions communes, ils et elles sont poussées à inventer, ici et maintenant, des mondes et des modes d'être parallèles. Pas seulement au sein de communautés ou de groupes ayant fait sécession, mais aussi dans leurs pratiques quotidiennes d'information, d'organisation, de solidarités… Sans modèle ni « sujet de l'histoire » préalables, en rupture aussi bien avec les vieilles lunes réformistes de la social-démocratie qu'avec les modèles révolutionnaires figés, mais avec l'obstination et la certitude de qui sait qu'il n'y a plus lieu d'espérer quoi que ce soit de ce côté-là, et que quelque chose doit commencer d'être reconstruit sans attendre. C'est de la réunion-conjonction de ces mondes parallèles que pourrait naître l'espoir d'un autre monde, qui aura grignoté celui-là, le nôtre, de l'intérieur…

1. L. Boltanski et È. Chiapello, *Le Nouvel Esprit du capitalisme*, Gallimard, Paris, 1999.
2. P. Dardot et C. Laval, *La Nouvelle Raison du monde. Essai sur la société néolibérale*, La Découverte, Paris, 2009.
3. F. Lordon, « Politique post-vérité ou journalisme post-politique », blog du Monde diplo, 22 novembre 2016.
4. P. Anderson, *La Pensée tiède. Un regard critique sur la culture française*, Seuil, Paris, 2005.
5. M. Hardt et A. Negri, *Empire*, Exils, Paris, 2000.
6. R. Riesel et J. Semprun, *Catastrophisme, administration du désastre et soumission durable*, Éditions de l'Encyclopédie des nuisances, Paris, 2008.
7. Comité invisible, *À nos amis*, La Fabrique, Paris 2014.
8. T. Frank, « Occupy Wall Street, un mouvement tombé amoureux de lui-même », *Le Monde diplomatique*, janvier 2013.
9. L. Lamant, *Squatter le pouvoir. Les mairies rebelles d'Espagne*, Lux, Montréal, 2016.
10. M. Chollet, « Imaginer un revenu garanti pour tous », *Le Monde diplomatique*, mai 2013.
11. *The Guardian*, 14 novembre 2016.
12. P. Dardot et C. Laval, *Commun, Essai sur la révolution au XXIe siècle*, La Découverte, Paris, 2014.

LE GRAND BAZAR DE BORIS CYRULNIK

Enquête sur le prix de la résilience

PAR **NICOLAS CHEVASSUS-AU-LOUIS**

Vedette de la psychiatrie télévisuelle, apôtre de la résilience universelle et raconteur d'histoires édifiantes, Boris Cyrulnik est une figure rassurante et bienveillante qui met du baume sur les âmes inquiètes. Sauf qu'il ne cesse de se réclamer de la science et est partout présenté comme un chercheur de premier plan. C'est ce qui lui confère sa légitimité, son aura singulière et lui permet de s'exprimer sur les sujets les plus variés. Or, en vérité, la renommée scientifique de Boris Cyrulnik est plus que contestable, ses analyses sont sommaires et ses livres souvent bâclés. D'affirmations contradictoires en « découvertes » hasardeuses, de tentations naturalisantes en témoignages imaginaires, Boris Cyrulnik est surtout le visage du désarroi de notre époque et de notre besoin de croire que tout est encore possible. D'où le succès considérable de la notion de résilience, dont, loin d'être l'inventeur, il est sans conteste le vendeur le plus prolifique.

Il serait le «*psy préféré des Français* [1]», le «*psychiatre qui console* [2]». À presque quatre-vingts ans, Boris Cyrulnik, totalement inconnu il y a trente ans, est une star qui a écoulé pas moins de 2,5 millions d'exemplaires de ses dix-huit livres, lesquels font, outre la sienne, la fortune des éditions Odile Jacob. Omniprésent dans les médias, il peut s'exprimer tant sur l'ascension de Donald Trump que sur l'examen du bac, sur la surdité de Charles Maurras que sur la «*gentillesse*» de François Hollande [3]. Plébiscitée, la figure de B. Cyrulnik est pourtant largement fallacieuse. «*Le leurre nous attrape parce qu'il a l'apparence du vrai, alors que l'illusion nous séduit par sa fausse apparence*», pontifiait notre neuropsychiatre [4]. Le psy préféré des Français est-il un leurre ou une illusion ?

Né à Bordeaux en 1937 de parents juifs, modestes immigrés d'Europe de l'Est, médecin ayant fait toute sa carrière dans le Var, Boris Cyrulnik passe pour l'inventeur de la notion de résilience, cette faculté humaine à se reconstruire psychologiquement après un drame traumatisant. Il l'a notamment décrite dans *Un merveilleux malheur* (Odile Jacob, 1999) puis

Les Vilains Petits Canards (Odile Jacob, 2001). Le spectaculaire succès commercial (respectivement 378 000 et 366 000 exemplaires vendus) de ces deux livres l'a fait accéder à la notoriété et a propulsé la notion de « résilience », issue du vocabulaire technique des psychologues, dans le langage commun. Tous ses livres ont, depuis, été des succès, bien qu'ils racontent peu ou prou la même chose : que le pire n'est jamais certain lorsqu'on a eu une enfance traumatique comme la sienne. Surtout, B. Cyrulnik, bon orateur à la voix posée et au visage souriant, est devenu un de ces bons clients dont raffolent les journalistes dès qu'il s'agit de proposer un commentaire « psy » sur un événement quelconque. Il a ainsi été très présent dans les médias depuis le début de la vague d'attentats qui frappe la France. Quelques jours après la fusillade de la rédaction de *Charlie Hebdo*, il invitait à « *ne pas oublier que les terroristes commettent ces crimes pour passer à la télévision* », après nous avoir expliqué que le discours du terrorisme islamiste contient une « *justification morale* »[5]. Désir de notoriété ? Ou éthique ? On n'en saura pas davantage sur ce qui, selon notre neuropsychiatre, motive les terroristes. Après le massacre du Bataclan, il propose pour mot d'ordre « *ni soumission ni ratonnade*[6] ». On ose espérer que rares étaient les partisans de ces deux options. Et, après l'assassinat d'un couple de policiers à leur domicile, il met en garde contre « *deux mauvaises solutions : ne pas en parler ou trop en parler*[7] », sage conseil qui nous laisse tout le loisir de réfléchir à la juste mesure.

On ne peut pas dire que les analyses de Boris Cyrulnik sur les attaques terroristes aient contribué à nous aider à comprendre ce qui nous arrive, et encore moins ce qu'il faudrait faire pour les blessés et les proches des victimes. Pourtant, ses propos comptent. L'homme est écouté, parfois en haut lieu. Il avait participé en 2009 à la Commission pour la libération de la croissance française à laquelle l'avait convié son président, Jacques Attali, le secrétariat général étant alors assuré par un certain Emmanuel Macron. B. Cyrulnik explique à présent que sa contribution aux travaux de cette commission, dont on a surtout retenu les préconisations ultralibérales, a consisté en une défense de l'importance des investissements dans le champ de la petite enfance. Deux ans plus tard, la secrétaire d'État à la jeunesse Jeannette Bougrab lui commandait un rapport sur le suicide des adolescents, aussitôt publié par son éditeur habituel[8]. Et on ne serait pas étonné de le voir bientôt participer à quelque commission gouvernementale consacrée à la prise en charge des victimes du terrorisme.

ON CROIT QUE SA NOTORIÉTÉ PUBLIQUE PROCÈDE DE SA RENOMMÉE SCIENTIFIQUE. DISONS-LE CLAIREMENT : CETTE DERNIÈRE EST NULLE.

Un scientifique, vraiment ?

Mais qu'est-ce qui a donné à Boris Cyrulnik cette influence politique et cette visibilité médiatique ? On croit en général que sa notoriété publique procède de sa renommée scientifique. Disons-le clairement : cette dernière est plus que contestable. La chercheuse indépendante Odile Fillod était déjà parvenue à cette conclusion dans un texte paru sur son blog [9]. Se fondant sur les bases de données bibliographiques qui recensent et indexent les publications scientifiques, elle notait que « *selon le Web of Science (WoS), base mondiale de référence des publications scientifiques y compris non anglophones, parmi les 4 041 publications en psychologie, psychiatrie, neurologie ou pédiatrie comprenant à ce jour le mot "résilience" dans le résumé ou les mots-clés, une seule est de Boris Cyrulnik, faite en 2008, indexée en tant que matériel éditorial* [qui commente des résultats sans apporter de nouvelles données] *et non article scientifique* ». Et d'enfoncer le clou en écrivant qu'« *un seul de ses articles indexé dans le WoS (publié en 1998) a été cité par d'autres dans l'ensemble de la littérature scientifique qui y est référencée, et ce cinq fois seulement, ce qui dit bien le peu d'intérêt que la communauté scientifique a porté à ses modestes travaux* ». Nous avons refait les calculs d'Odile Fillod et en confirmons les résultats : la liste des publications scientifiques de B. Cyrulnik indexées dans le Web of Science se limite encore et toujours à dix-sept articles (si l'on enlève les vingt-six chroniques qu'il a données au magazine *La Recherche*). Un seul [10], le seul rédigé en anglais, a été cité, sept fois en l'occurrence (deux autres citations s'étant ajoutées à celles que comptabilisait Odile Fillod), par d'autres publications. Tous les autres articles de B. Cyrulnik référencés par cette base de données, utilisée quotidiennement dans les laboratoires, n'ont jamais été cités par d'autres études. Voilà qui incite à douter fortement de sa notoriété scientifique.

« *J'ai publié énormément dans des revues professionnelles* », explique Boris Cyrulnik, qui précise que « *ces revues servent aux professionnels du monde médical à se tenir au courant des avancées de leur domaine, mais ne sont pas des revues scientifiques au sens où on l'entend aujourd'hui* ». Dans *Encéphale*, *Concours médical*, *Synapse*, ou l'*Encyclopédie médico-chirurgicale*, on trouve en effet de nombreux articles de B. Cyrulnik. Notons cependant que les pratiques éditoriales de ces titres sont bien différentes de celles des revues à comité de lecture. Dans ces dernières, le manuscrit soumis est évalué par au moins deux relecteurs spécialistes du domaine, dont l'avis décidera de la publication, ou non, d'un article. Dans les titres de la presse médicale, à l'usage des praticiens, les articles sont le plus souvent commandés par les rédacteurs en chef du journal et rarement évalués par des pairs. Ils ne sont de ce fait, et sauf exception – *Encéphale* est ainsi répertoriée dans le Web of Science –, pas considérés comme des revues scientifiques, de celles dans lesquelles se doit de publier tout chercheur. « *Je suis un praticien de la médecine, pas un scientifique, et c'est pourquoi j'ai presque exclusivement publié mes travaux dans des revues destinées aux médecins, non aux chercheurs* », nous dit B. Cyrulnik [11]. L'argument peut s'entendre. Mais il n'en reste pas moins que les deux cents publications scientifiques que s'attribue B. Cyrulnik dans son curriculum vitae [12] et que lui prête sa notice dans le *Who's Who* n'ont jamais existé. Au mieux, elles ne sont que dix-sept dont, comme on l'a vu, une seule a été citée par d'autres chercheurs.

LES DEUX CENTS PUBLICATIONS SCIENTIFIQUES QUE S'ATTRIBUE B. CYRULNIK ET QUE LUI PRÊTE SA NOTICE DANS LE *WHO'S WHO* N'ONT JAMAIS EXISTÉ.

Tant de titres

La question des titres dont se pare Boris Cyrulnik est tout aussi sujette à discussion. Sans même parler de ceux dont le crédite la presse (tel celui de professeur à l'université de Toulon, alors qu'il n'y est que responsable pédagogique d'un Diplôme universitaire en éthologie humaine, qui n'a aucune reconnaissance nationale), il a été tour à tour présenté en quatrième de couverture de ses nombreux livres comme psychiatre, neurologue, neuropsychiatre, psychanalyste et éthologue. Les trois premiers titres ne posent pas de difficultés, même si leur assemblage déroute aujourd'hui. La neurologie s'occupe d'accidents vasculaires cérébraux, de tumeurs au cerveau, de scléroses en plaques et de toutes les pathologies du système nerveux pour lesquelles une cause organique est identifiée. La psychiatrie, pour le dire vite, s'occupe du reste. Mais cette distinction, aujourd'hui centrale, entre neurologie et psychiatrie ne remonte qu'à 1968 et aux intenses débats qui saisirent alors le milieu médical français. B. Cyrulnik, inscrit à l'ordre des médecins du Var depuis 1971 comme neuropsychiatre, appartient à une des dernières générations d'étudiants en médecine à n'avoir pas eu à choisir entre les deux spécialités, et donc à pouvoir se prévaloir tant de la qualité de neurologue que de celle de psychiatre. « *Dans les années 1990, j'exerçais comme neurologue le matin, responsable du service d'électro-encéphalographie à l'hôpital de Toulon, et comme psychiatre l'après-midi, dans un centre pour jeunes en difficulté, où je travaillais avec des pratiques d'inspiration psychanalytique* », raconte-t-il.

Qu'en est-il de la qualité de psychanalyste de notre neuropsychiatre, qui figure sur certaines quatrièmes de couverture de ses livres ou dans la presse [13] ? Le titre ne fait l'objet d'aucune régulation étatique et relève de l'autocontrôle par les différentes écoles psychanalytiques. Boris Cyrulnik affirme ne pas le revendiquer : « *J'ai suivi moi-même deux cures psychanalytiques, la seconde faisant suite au décès de ma première analyste. Tous deux étaient de tradition lacanienne. On m'a parfois présenté comme psychanalyste, mais je n'ai jamais exercé cette profession et ne me suis jamais présenté comme tel.* » En vérité, B. Cyrulnik signait en 2012, dans *Le Nouvel Observateur* [14], une tribune précisément consacrée à la psychanalyse, dans laquelle il se présentait sous le seul titre de psychanalyste.

Dernier titre, le plus difficile à qualifier : celui d'éthologue (l'éthologie est la science qui étudie le comportement animal). « *Sa légitimité scientifique dans ce domaine est nulle, totalement nulle* », affirme Franck Cerzilly, professeur à l'université de Bourgogne et spécialiste reconnu d'éthologie, qui connaît Boris Cyrulnik depuis trente ans. Force est de constater que l'on ne trouve aucune trace de publication de

B. Cyrulnik dans des revues d'éthologie, y compris sur la question de la communication des goélands dont il se targuait au début de sa carrière médiatique[15] d'être un spécialiste. Tout au plus peut-on relever en matière de contribution à l'éthologie une conférence, portant uniquement sur des questions médicales, à un colloque de la Société française pour l'étude du comportement animal tenu en 1986 à Marseille. «*Je ne prétends pas être scientifique, et encore moins éthologue. Je suis un praticien qui s'est inspiré de l'éthologie dans sa pratique médicale. Et ma connaissance du comportement des goélands vient du fait que j'emmène chaque année mes étudiants de l'université de Toulon sur l'île de Porquerolles observer les goélands*», nous explique-t-il.

La couleur de la science

Admettons donc que Boris Cyrulnik ne soit ni scientifique, ni psychanalyste, ni éthologue, en dépit des innombrables fois où il a été présenté comme tel, à l'insu de son plein gré. «*J'ai renoncé à protester*», dit-il aujourd'hui. Ni même médecin, puisqu'il n'exerce plus depuis 1999 et le début de sa médiatisation : « *C'était devenu impossible. J'avais dix demandes de rendez-vous par heure. On me prenait pour un gourou, comme si j'allais résoudre en une consultation les problèmes de toute une vie.* » Admettons, et penchons-nous sur ses ouvrages, qui ont fait sa célébrité.

Tous sont constitués sur le même mode : une alternance de discours réputés scientifiques et de descriptions, souvent fort imagées, de cas cliniques. «*J'ai insisté auprès de mon éditrice pour que les références auxquelles je renvoie figurent en bas de page, de manière à ce que le lecteur puisse les lire immédiatement, et non en fin d'ouvrage*» souligne B. Cyrulnik. Ses livres sont en effet truffés de notes de bas de page, sourçant ses affirmations et citant ses références. À première vue, c'est un gage de sérieux. Mais, à y regarder de plus près, nombre de ces notes n'ont aucun sens, si ce n'est celui de conférer à son discours une apparence de scientificité. On trouve certes quelques références pertinentes et des citations de la littérature scientifique constituée, mais, outre qu'elles ne viennent régulièrement appuyer que les propos les plus anodins, elles renvoient souvent à des actes de colloque ou des documents introuvables en bibliothèque. Par exemple, lorsque B. Cyrulnik se livre à une réflexion essentielle – « *Chaque matin, nous devons prendre des décisions importantes du genre "quelle paire de chaussettes vais-je mettre avec cette cravate[16] ?"* » –, il renvoie à une communication faite au cinquième colloque «Médecine et recherche» tenu en 1995 : communication introuvable.

DANS LES LIVRES DE B. CYRULNIK, NOMBRE DES NOTES DE BAS DE PAGE N'ONT AUCUN SENS, SI CE N'EST CELUI DE CONFÉRER À SON DISCOURS UNE APPARENCE DE SCIENTIFICITÉ.

S'il n'hésite pas à asséner des banalités sous couvert de science, Boris Cyrulnik est en revanche moins disert sur ses sources lorsqu'il s'agit de questions d'importance. *Les Vilains*

Petits Canards nous apprennent que seulement « *un tiers des grossesses sont psychologiquement saines* », 10 % souffrant de « *troubles émotionnels marqués* », 25 % d'une « *pathologie associée* » et 27 % d'« *antécédents obstétricaux responsables d'angoisses* ». Passons sur la confusion intellectuelle du propos (en quoi souffrir de prééclampsie ou de diabète gestationnel, troubles communs s'il en est et qui peuvent influer sur le psychisme de la femme enceinte, est-il le signe d'une grossesse psychologiquement malsaine ?) et retenons l'inanité de la source : la communication d'un certain M. Bydlowsky aux journées Cohen-Solal de Paris, le 6 juin 1998, dont on ne peut, une fois de plus, trouver trace ni à la Bibliothèque nationale ni dans le catalogue interuniversitaire des bibliothèques françaises. Dans un autre livre, il certifie qu'« *à l'âge de six ans, dans les semaines qui suivent l'entrée à l'école, un enfant sur deux manifeste des souffrances comportementales : troubles alimentaires, difficultés de sommeil, cauchemars, angoisse, ralentissement et instabilité*[17] ». L'information n'est-elle pas cette fois suffisamment inquiétante, en particulier pour les parents d'enfants entrant à l'école, pour mériter une source ?

À l'inverse, il est déplorable que de très remarquables découvertes de Boris Cyrulnik n'aient jamais été portées à la connaissance de la communauté scientifique. Tenant conférence devant 1 500 personnes à Boisseuil (Haute-Vienne), en 2008[18], il affirmait avoir observé sur des orphelins roumains « *abandonnés dans une institution, où les enfants étaient en isolement sensoriel total* », que « *pratiquement tous les scanners* » démontraient « *une atrophie des deux lobes préfrontaux et des circuits limbiques* ». Mais, plus remarquable encore, confinant au miracle, que « *lorsqu'on a fait placer ces enfants dans des familles d'accueil, dont quelques-unes à Toulon, et que l'on a demandé des scanners de contrôle après un an de vie en famille d'accueil, l'atrophie cérébrale avait disparu* ». La démonstration d'une si rapide régénérescence du cerveau blessé par un isolement sensoriel et affectif aurait sans doute valu à son auteur une immense renommée. Mais il aurait pour cela fallu qu'il daigne la publier, la soumettant au jugement de ses pairs, ce qu'il n'a hélas jamais fait. Et l'on s'inquiète que les Serge Valonescou et Violette Astagne décrits dans cette conférence comme « *travaillant avec nous* » et ayant estimé « *à cent vingt mille le nombre d'enfants actuellement altérés* » soient totalement inconnus des bases de données d'articles scientifiques.

IL EST DÉPLORABLE QUE DE TRÈS REMARQUABLES DÉCOUVERTES DE BORIS CYRULNIK N'AIENT JAMAIS ÉTÉ PORTÉES À LA CONNAISSANCE DE LA COMMUNAUTÉ SCIENTIFIQUE.

Affabulations

Si la partie réputée scientifique des ouvrages de Boris Cyrulnik n'obéit guère aux canons requis de la rigueur, qu'en est-il de leur partie plus littéraire, de ces récits de vie qui font le succès de ses livres ? Une chose frappe : aucune source n'est indiquée. On ne sait d'où sort l'histoire qui nous est rapportée, quand elle s'est déroulée ni, surtout, comment l'auteur en a eu connaissance. Nous lui avons donc posé la question. «*Il s'agit de récits inspirés, la plupart du temps, par mes patients, par mes amis, par mon enfance. Je me nourris, pour les écrire, des notes que j'ai prises pendant des années de pratique médicale, mais aussi de mes souvenirs.*» Les prénoms, les lieux, et souvent les dates, quand elles sont mentionnées, sont donc modifiés, comme il est d'usage dans les publications de psychologie. Mais la manière dont B. Cyrulnik les rapporte, emplie d'extrapolation et d'interprétation, est bien loin des canons en vigueur dans cette discipline. «*C'est une partie illustrative, qui n'est pas scientifique, du livre*», se justifie-t-il. L'illustration devient-elle parfois invention ? S'il s'agit d'illustrer, ne recourt-il pas parfois à l'imagination ? On ne peut que lire avec étonnement le récit à l'évidence fantasmatique des amours de notre neuropsychiatre avec Claudia Schiffer[19], ou celui de ses premiers pas dans le monde médical qui le vit ne rencontrer que des boiteux[20], débités sur le même ton que celui employé pour décrire de supposés cas cliniques. B. Cyrulnik se défend de toute affabulation. N'en reste pas moins que la provenance des récits de vie qui rythment ses livres laisse perplexe, au point qu'il est permis de douter de leur authenticité. Surtout lorsqu'on constate que la terrible destinée du petit «Bernard», dont les parents disparaissent dans les rafles antisémites qui peuplent les premiers livres de B. Cyrulnik, n'est autre que l'autobiographie de l'auteur, enfant juif caché durant la Seconde Guerre mondiale. «*En science, on ne parle que de soi*», affirme-t-il.

ON NE PEUT QUE LIRE AVEC ÉTONNEMENT LE RÉCIT À L'ÉVIDENCE FANTASMATIQUE DES AMOURS DE NOTRE NEUROPSYCHIATRE AVEC CLAUDIA SCHIFFER.

Boris Cyrulnik aime à se décrire comme un paresseux contrarié. La contrariété, à lire ses ouvrages, ne semble pas si violente tant il se montre désinvolte dans son écriture. «*Tout à l'heure, quand je disais qu'une mouche mettait le cap sur un morceau de viande, je commettais un contresens*[21]», est-il capable d'écrire, sans nous expliquer pourquoi il a commencé par nous asséner une information erronée. Quelques pages plus loin, dans le même ouvrage, il écrit: «*J'ai l'impression que la fonction non alimentaire des aliments prend une importance qui s'accroît avec la complexification du cerveau.*» On s'étonne qu'un chercheur nous fasse part de ses impressions, nécessairement subjectives. «*Il faudra que je vérifie mais je crois bien que dans les nécessaires droits de l'enfant, on a oublié de donner aux gamins le droit de donner*», écrit-il encore[22]. On a vérifié, et l'oubli est en effet attesté, mais pourquoi l'auteur ne s'est-il pas chargé lui-même de cette vérification ?

Ces contradictions incessantes affectent même le cœur de son propos, à savoir l'interrogation sur la résilience. «*Dans 95 % des cas, les enfants maltraités deviennent des parents étouffants d'amour*», écrivait-il en 1991[23]. Douze ans plus tard, le diagnostic a changé: «*Certains travaux observent que 100 % des enfants maltraités deviennent violents, d'autres n'en trouvent que 70 %*[24]. » On peut cependant apprendre dans le même livre que « *quand on accompagne psychologiquement une cohorte d'enfants dont les parents sont vulnérables, malades mentaux, handicapés physiques* [sic], *emprisonnés ou alcooliques, on finit par découvrir en les voyant évoluer qu'une petite moitié d'entre eux (45 %) deviendront des adultes angoissés, avec une émotionnalité instable et un monde intérieur souvent douloureux (contre 23 % dans la population générale). Mais quelques décennies plus tard, une grande moitié de cette cohorte donnera quand même des adultes heureux et épanouis*[25] ». Mais quelques pages auparavant, on découvrait que, « *dans les situations où l'environnement est vide de tuteurs affectifs, le devenir des enfants est lourdement handicapé : 77 % souffriront d'une déficience intellectuelle grave, 32 % seulement obtiendront un CAP et 95 % n'ayant pas eu d'enfance auront peur d'apprendre à devenir parents*[26] ». Passons sur le fait que la citation qui est censée appuyer ce propos[27] n'a jamais rien dit de tel (l'article n'aborde ni les déficiences intellectuelles ni la peur d'apprendre à devenir parent, au demeurant difficile à mesurer ; et s'il a effectivement évalué le parcours scolaire d'une cohorte d'enfants placés, il a montré que 32 % obtenaient au moins un CAP, certains allant bien plus loin dans leurs études) et retenons l'essentiel : d'un livre à l'autre de Boris Cyrulnik, et parfois au sein du même livre, le devenir des enfants maltraités ou traumatisés varie du tout au tout, de la reproduction à l'identique du traumatisme à la complète résilience.

CES CONTRADICTIONS INCESSANTES AFFECTENT MÊME LE CŒUR DE SON PROPOS, À SAVOIR L'INTERROGATION SUR LA RÉSILIENCE.

Une position irénique

Devant tant de palinodies et d'incohérences, une question se pose : plus que leur psy préféré, Boris Cyrulnik ne serait-il pas le charlatan favori des Français ? Un imposteur ? Une pure créature médiatique, homologue de ce que sont les frères Bogdanoff à la physique, Michel Maffesoli à la sociologie ou Michel Onfray à la philosophie ? Sur le plan de la légitimité au sein des multiples disciplines dont B. Cyrulnik se réclame, sans doute. Mais les sujets dont il traite dans ses livres – le traumatisme, la filiation, la transmission, l'enfance – sont tellement chargés d'affects que rares sont celles et ceux qui sont prêts à s'en remettre, en la matière, au seul discours des scientifiques ou des spécialistes, lequel est notoirement divisé. L'exemple de la prise en charge de l'autisme est un cas d'école. Une guerre féroce oppose, au sein des professionnels français, partisans des approches psychanalytiques et défenseurs des thérapies comportementales, ces derniers se targuant à juste titre d'être les seuls à pouvoir prouver scientifiquement l'efficacité de leurs approches. Ils ont également pour eux le soutien de nombre d'associations de parents d'enfants autistes. Ce conflit chargé d'émotions est humainement douloureux tant pour les parents que pour les professionnels de la prise en charge de l'autisme. Dans un tel contexte, la position irénique de B. Cyrulnik, qui reconnaît des mérites à toutes les approches de la souffrance mentale de l'enfant, peut avoir des vertus apaisantes.

BORIS CYRULNIK NE SERAIT-IL QU'UNE CRÉATURE MÉDIATIQUE, HOMOLOGUE DE CE QUE SONT LES FRÈRES BOGDANOFF À LA PHYSIQUE ?

De même, le travail qu'il mène au sein de l'Institut petite enfance (IPE) qui porte son nom, consacré à la formation permanente des professionnels de la puériculture et du travail social en direction des jeunes enfants, est sans doute utile. L'IPE Boris Cyrulnik, constitué sous forme d'une association loi de 1901, propose, pour une somme raisonnable (inférieure à mille euros) eu égard aux tarifs habituels de la formation permanente, soixante-dix heures annuelles de cours assurés par des spécialistes dans une perspective interdisciplinaire souvent éloignée des pratiques universitaires. Les enseignements portent tant sur le sommeil que sur l'alimentation du nourrisson, l'organisation de l'espace des crèches ou l'apprentissage du langage, le cerveau de l'enfant ou la théorie de l'attachement, avec toujours une forte insistance sur les neurosciences « *dont les connaissances doivent être communiquées aux professionnels de la petite enfance* », comme le souligne Philippe Duval, vice-président et cheville ouvrière de l'IPE. Une cinquantaine de personnes suivent chaque année ces enseignements itinérants : l'IPE Boris Cyrulnik a ainsi organisé ses séminaires à Béziers, Cholet, Caen, Paris, Quimper, et Toulon.

La création en 2014 de cet IPE illustre bien ce qui est sans doute un des ressorts du personnage : son absence de légitimité académique, qu'il tente de compenser, comme Michel Onfray avec « ses » universités populaires de Caen et d'Argentan, en fondant sa propre structure d'enseignement. Le maître en personne remet les diplômes, bien qu'ils n'aient pas de reconnaissance nationale, à l'issue de chaque session, et ses proches profitent aussi de la petite entreprise. Le site de l'IPE Boris Cyrulnik recommande ainsi vivement les livres d'une maison d'édition dirigée par Philippe Duval, qui publie des ouvrages sur la petite enfance. Les éditions Duval ont la même adresse postale que l'IPE.

« *Boris souffre de ne jamais avoir été reconnu par l'Université* », observe son ami le psychiatre Michel Delage, qui dirige avec lui le Diplôme universitaire d'éthologie humaine de l'université de Toulon. Michel Delage, comme nombre des proches de B. Cyrulnik interrogés, souligne le talent de l'homme pour faire se rencontrer des disciplines et des spécialistes que le cloisonnement universitaire a tendance à séparer. « *La principale qualité de Boris est son talent pour la reliance, comme le dit Edgar Morin, à savoir cette faculté à relier des domaines habituellement distincts* », observe Michel Delage. Mais cet appétit de reconnaissance universitaire a aussi conduit

B. Cyrulnik dans de curieuses affaires. Il a ainsi accepté la présidence du comité scientifique du Centre universitaire Fernando Pessoa, université privée toulonnaise proposant, en jouant sur la législation européenne, des formations à prix d'or aux carrières médicales et paramédicales régies en France par un *numerus clausus*. Quoi que ses dirigeants s'en défendent aujourd'hui, l'IPE Boris Cyrulnik était à l'origine une émanation du Centre universitaire Fernando Pessoa, qui a fermé ses portes en 2015 suite à un jugement du tribunal de grande instance de Toulon, saisi par des associations étudiantes critiquant tant la faible qualité de la formation proposée que les frais d'inscription exorbitants[28].

Pensée positive

Un éminent neuropédiatre d'un hôpital parisien reconnaît le paradoxe du succès populaire de Boris Cyrulnik. Certes, « *le message d'espoir donné aux "enfants juifs cachés pendant la Seconde Guerre mondiale" et à des victimes de guerres et de persécutions n'a absolument rien de scientifique. C'est plutôt une "prédication" généreuse qui fait feu de tout bois pour justifier le message sans aucun souci de rigueur ni de justification scientifique* ». Mais de reconnaître que « *cela a cependant rendu service à des victimes désespérées et a tempéré des situations conflictuelles dans des groupes psychothérapeutiques (au sens large du terme) souffrant de conflits graves entre des psychothérapeutes d'écoles différentes* ». Le psychiatre Mathieu Bellahsen, auteur de *La Santé mentale. Un bonheur sous contrôle* (La Fabrique, 2014), le résume crûment : « *Le discours de Boris Cyrulnik est gentillet, mais il ne fait pas de mal.* »

« LE DISCOURS DE BORIS CYRULNIK EST GENTILLET, MAIS IL NE FAIT PAS DE MAL » – MATHIEU BELLAHSEN.

Le succès de Boris Cyrulnik s'explique en partie par sa propension à la pensée positive, à l'optimisme, à l'espoir. Toute son histoire – son autobiographie *Sauve-toi, la vie t'appelle* (Odile Jacob 2012) est du reste son livre le plus traduit (treize langues) et le troisième de ses best-sellers – d'orphelin (ses deux parents sont morts en déportation) ayant su se construire contre toutes les adversités, tour à tour vendeur aux puces et maître nageur pour financer ses études de médecine, est mise au service de son discours sur la résilience. Si le terme était inconnu en France il y a vingt ans, on ne peut nier que B. Cyrulnik a été le principal vecteur de son introduction dans le monde francophone, le reprenant en particulier à l'Américain d'origine autrichienne Fritz Redel (ancien élève d'Anna Freud) et au Britannique Michael Rutter. On peut même dire que B. Cyrulnik incarne aujourd'hui la résilience. Mais son rôle se limite à celui de vulgarisateur d'un concept qui a connu une vogue extraordinaire, jusqu'à être employé pour caractériser des sociétés entières et non plus seulement des individus. Deux questions théoriques posées par le concept de résilience, soulignait le psychologue clinicien Claude de Tychey[29], restent pourtant mal cernées. Premièrement, la résilience de l'adulte traumatisé obéit-elle aux mêmes mécanismes que celle des enfants ? Deuxièmement, quels sont les processus intrapsychiques à l'œuvre dans la résilience ? L'imaginaire ? L'intellectualisation ? Le déni ? L'humour ? Sur aucune de ces questions, B. Cyrulnik n'a apporté de contribution intellectuelle, se contentant dans ses livres d'enchaîner les anecdotes sans esquisser la moindre théorisation sérieuse.

La pertinence du concept même de résilience reste discutée par les spécialistes. Lesquels se demandent en particulier s'il ne surestime pas les facultés humaines à compenser les chocs traumatiques, des personnes supposées résilientes s'effondrant à l'occasion d'un second choc. « *On peut être résilient sur un aspect du traumatisme subi et pas sur un autre* », observe Mathieu Bellahsen, qui souligne les dérives possibles et bien réelles de l'utilisation du concept dans un contexte de misère de la psychiatrie : « *Le risque est que l'on s'occupe des patients présumés résilients et qu'on laisse les autres dans leur souffrance, comme si on les jugeait incurables. Le mot "résilient" a par ailleurs pour fonction de psychologiser, d'individualiser la faculté d'adaptation à la norme concurrentielle qui gouverne nos sociétés.* » Le concept de résilience a donc des implications politiques très nettes, s'il est entendu comme une propriété intrinsèque à l'individu, au même titre que son patrimoine génétique. Que souffrent ceux qui ne sont pas résilients, peuvent dire les tenants du darwinisme social, jamais très éloignés du libéralisme. Comme l'écrivait le regretté pédopsychiatre Stanislas Tomkiewicz, dont l'histoire d'orphelin de la Shoah n'est pas sans rappeler celle de B. Cyrulnik, « *le bon usage de la résilience devrait rejeter résolument toute idéologie prônant le soutien aux forts et l'abandon des faibles* [30] ». Il est pourtant aussi possible de concevoir la résilience non comme une idiosyncrasie, mais comme le produit d'interactions humaines, une sorte de résilience commune permise par la cohésion de la société telle que celle qui a été observée chez les Londoniens après les attentats du 7 juillet 2005 [31]. Une conception collective que B. Cyrulnik n'évoque presque jamais.

LE CONCEPT DE RÉSILIENCE A DONC DES IMPLICATIONS POLITIQUES TRÈS NETTES, S'IL EST ENTENDU COMME UNE PROPRIÉTÉ INTRINSÈQUE À L'INDIVIDU.

On peut se demander si le succès populaire de la notion de résilience ne vient pas aussi de son adéquation à l'ère inquiétante du terrorisme de masse inaugurée le 11 septembre 2001, chacun se demandant comment se reconstruire après avoir été blessé dans un attentat aveugle ou y avoir perdu un proche. Ou, plus largement encore, à l'ère de la compétition mondialisée qui somme tout un chacun de surmonter toutes les épreuves, professionnelles comme intimes, pour se montrer toujours plus performant. Il n'en reste pas moins que la seule popularité du concept de résilience a sans doute aidé nombre de personnes traumatisées à surmonter leur douleur, offrant à la fois un nom à la chose et un répertoire d'histoires, de celles que Boris Cyrulnik aime à raconter, fonctionnant comme exemples encourageants. Comme le dit le neuropédiatre précédemment cité, « *la résilience est un sympathique concept d'espoir assez poétique pour habiller la plasticité humaine* ».

« LA RÉSILIENCE EST UN SYMPATHIQUE CONCEPT D'ESPOIR ASSEZ POÉTIQUE POUR HABILLER LA PLASTICITÉ HUMAINE. »

Créature médiatique

Résilience ou plasticité ? Au fond, les deux concepts renvoient à la même idée, à ce même mystère de la faculté humaine à rebondir après des effondrements traumatiques. Le premier fait partie du vocabulaire des psychologues. Le second des neurobiologistes. Et il n'est pas anodin qu'ils aient, dans ces deux disciplines, fait leur apparition en même temps, dans les années 1990. Peut-être décrivent-ils au fond la même chose, sous deux mots différents ?

S'interroger sur la popularité de Boris Cyrulnik revient ainsi à se pencher sur l'histoire, conflictuelle, des rapports entre psychologie et neurobiologie dans le débat public depuis trois décennies. Pour le dire vite, le « tout-neurone » a repris au « tout-œdipe » l'hégémonie culturelle durant les années 1980, marquées en France par la publication de *L'Homme neuronal* de Jean-Pierre Changeux et de *La Biologie des passions* de Jean-Didier Vincent. Ces deux auteurs, parmi d'autres, se sont fait connaître par leurs virulentes critiques de la psychanalyse. À partir des années 1990, la neurobiologie s'est transformée progressivement en neurosciences cognitives, intégrant d'autres disciplines pour tenter de proposer un savoir global sur le cerveau-esprit humain. Les neurosciences se sont montrées de plus en plus conquérantes, s'intéressant à des sujets tels que les émotions ou la conscience, ou encore à des pathologies comme la dépression ou les différentes formes de névrose, jusque-là chasses gardées de la psychologie, voire de la philosophie. Jusqu'à proposer aujourd'hui une vision se prétendant alternative, voire supérieure, à celle des sciences humaines sur la vie de l'homme en société, exempte de toute dimension critique, mais en revanche prompte à proposer des manières d'améliorer ses performances. Le récent succès de libraire – plus de 250 000 exemplaires écoulés – de *Libérez votre cerveau ! Traité de neurosagesse pour changer l'école et la société*, d'Idriss Aberkane (Robert Laffont, 2016), dont le titre résume à lui seul l'ambition des neurosciences contemporaines, est une des dernières manifestations de cette montée en puissance.

S'INTERROGER SUR LA POPULARITÉ DE BORIS CYRULNIK REVIENT AINSI À SE PENCHER SUR L'HISTOIRE, CONFLICTUELLE, DES RAPPORTS ENTRE PSYCHOLOGIE ET NEUROBIOLOGIE.

Toutes populaires qu'elles soient devenues, les neurosciences ne sont jamais parvenues à supplanter l'approche psychologique, ou psychanalytique, de l'humain. La remarque vaut autant pour le champ scientifique et universitaire que pour le champ médiatique. Aux Ménie Grégoire et Françoise Dolto des années 1970 ont succédé les psychanalystes Serge Leclaire et son *Psyshow* télévisé des années 1980, Claude Halmos sur Canal+ puis sur France Info et, depuis une vingtaine d'années, Marcel Rufo, Boris Cyrulnik, Serge Tisseron ou Christophe André (autre phénomène éditorial des éditions Odile Jacob). L'ordre dans lequel on vient de les citer est précisément celui du nombre de leurs apparitions à la télévision depuis 1995, telles que les recense la base de données de l'Institut national de l'audiovisuel.

Toutes ces nouvelles stars médiatiques sont psychiatres de formation, ce qui les place dans une position idéale, conciliant l'aura scientifique du médecin et la connaissance humaine du praticien de la psyché. On notera aussi que ces psys médiatiques sont tout autant présents que leurs homologues philosophes. Ils sont chacun apparus sur les écrans de télévision environ 300 fois depuis 1995 (sauf le proche ami de Boris Cyrulnik, Marcel Rufo, plus de 1 500 fois, du fait de ses chroniques régulières), soit tout autant que les Michel Onfray, Bernard-Henri Lévy, Luc Ferry et autres Alain Finkielkraut, qui sont devenus les figures de référence de la philosophie télévisée. La faiblesse, voire la nullité de l'apport de ces derniers à la philosophie est bien établie, mais qu'en est-il de nos psychiatres médiatiques ? Retournons donc vers le miroir de ces bases de données bibliographiques qui nous ont fourni une si cruelle description de la légitimité scientifique de B. Cyrulnik, et tendons lui l'image d'autres psychiatres médiatiques. Le Web of Science trouve trente-sept articles de Marcel Rufo, seize de Serge Tisseron et neuf de Christophe André, contre dix-sept de B. Cyrulnik, qui ne s'en tire donc pas si mal. Précisons surtout que quasiment aucun article de ce quarteron de psys médiatiques n'a été cité par d'autres auteurs dans la communauté scientifique internationale.

Le monde médiatique crée donc des légitimités illégitimes, des intellectuels de parodie, des faux savants. Boris Cyrulnik en est sans doute un des plus frappants exemples. Dans un sondage de 2012, le dernier à avoir tenté ce palmarès des personnalités savantes, il occupait la quatrième place des « scientifiques » français dont le nom est connu [32], derrière l'astrophysicien Hubert Reeves, le biologiste Axel Kahn et le paléoanthropologue Yves Coppens, aux carrières reconnues. Mais loin devant des chercheurs bien plus renommés encore, comme les prix Nobel de physique Albert Fert ou le médaillé Fields de mathématique Cédric Villani, connus de 9 % des personnes interrogées, contre 29 % pour B. Cyrulnik.

LE MONDE MÉDIATIQUE CRÉE DES LÉGITIMITÉS ILLÉGITIMES, DES INTELLECTUELS DE PARODIE, DES FAUX SAVANTS.

Comment ce dernier est-il parvenu à une telle notoriété, à se glisser dans l'opinion parmi les scientifiques les plus reconnus alors qu'il dit à présent à l'auteur de ces lignes, et même si son discours a varié sur ce point, ne pas en être un ? Sans doute, une fois encore, par son art de dire tout et son contraire, servi de surcroît par un perpétuel sourire et un discours plein d'optimisme. Dans les affrontements entre visions neurobiologiques et psychanalytiques de l'esprit humain, il a su garder deux fers au feu. N'aime-t-il pas à citer Woody Allen, qui disait que, « *entre deux opinions opposées, je choisis une troisième* » ? Tantôt il adopte les positions les plus étroitement réductionnistes de la biologie, comme lorsqu'il affirme, pour défendre l'existence de différences entre les cerveaux des hommes et des femmes, que « *l'ocytocine, que sécrètent beaucoup les femmes, est une hormone du plaisir* » et qu'« *il y a des récepteurs cérébraux qui augmentent l'attachement…* » ou que « *la vasopressine est une neurohormone sécrétée plutôt par les hommes, qui les encourage plutôt à passer à l'action* », énoncés dont Odile Fillod a démontré l'inanité scientifique[33]. Tantôt il cite Freud et souligne l'importance du langage et des interactions humaines dans la construction d'une personnalité.

TANTÔT IL ADOPTE LES POSITIONS LES PLUS ÉTROITEMENT RÉDUCTIONNISTES DE LA BIOLOGIE (…), TANTÔT IL CITE FREUD.

« *Par quel mystère un leurre parvient-il à nous ensorceler ? L'artifice est capable de nous tromper parce qu'il possède un fort pouvoir d'attraction. Et s'il nous attire, c'est parce que notre organisme en est avide : ce qui trompe le mieux révèle ce qu'on désire le plus* », écrit Boris Cyrulnik[34] dans ce qui ressemble à une lucide autocritique. Si l'homme séduit et engrange les succès de librairie, c'est sans doute parce qu'il sait s'adresser à ce que notre société « *désire le plus* », à savoir l'optimisme et la confiance en l'avenir. Comme dans un célèbre magasin parisien, on trouve tout chez B. Cyrulnik, et c'est sans doute ce qui fait son succès. Tout, sauf de la science.

1. F. Busnel, *La Grande Librairie*, France 5, 24 avril 2016.
2. O. Delcroix, « Le psychiatre qui console les Français », *Le Figaro*, 15 octobre 2007.
3. Respectivement *La matinale de LCI*, 5 mai 2016 ; *Thé ou café*, France 2, 14 mai 2016 ; « Boris Cyrulnik face à l'énigme Maurras », propos recueillis par François Paoli, *Le Figaro*, 10 novembre 2011, p. 7 ; « Boris Cyrulnik. Du comédien de l'autorité à l'hésitant authentique », propos recueillis par Émilie Lopez, *Le Point*, 2013, n° 2147, p. 40-41.
4. B. Cyrulnik, *L'Ensorcellement du monde*, Odile Jacob, Paris, 1997, p 187.
5. « Boris Cyrulnik : on manifeste pour ne pas rester passif et ne pas se soumettre à l'agression », propos recueillis par Soline Roy, *Le Figaro*, 12 janvier 2015, p 14.
6. « Boris Cyrulnik : ni soumission, ni ratonnade », propos recueillis par Michel Richard, *Le Point*, 19 novembre 2015, p. 126.
7. « Boris Cyrulnik : la contagion des émotions est très rapide », propos recueillis par Delphine Perez, *Aujourd'hui en France*, 16 juin 2016, p 2.
8. B. Cyrulnik, *Quand un enfant se donne la mort,* Odile Jacob, Paris, 2011.
9. Voir <allodoxia.blog.lemonde.fr/2013/06/27/boris-B. Cyrulnik-stop-ou-encore-partie2>.
10. B. Cyrulnik, « Ethology of anxiety in phylogeny and ontogeny », *Acta Psychiatrica Scandinavica Suppl.*, 393, p. 44-49, 1998.
11. Entretien avec l'auteur pour la *Revue du crieur*. Toutes les citations non référencées de Boris Cyrulnik qui suivent sont tirées de ce même entretien.
12. <consulfrance-jerusalem.org/IMG/CV_Boris_B. Cyrulnik_francais>.
13. Voir, par exemple, B. Cyrulnik, *La Petite Sirène de Copenhague*, L'Aube, La Tour-d'Aigues, 2000, ou les chroniques qu'il tient dans le *Huffington Post* depuis 2014.
14. B. Cyrulnik « La psychanalyse est devenue dogmatique, c'est son erreur », entretien au *Nouvel Observateur*, 15 mars 2012.
15. J. Lenzini, « Le dialogue avec le goéland », *Le Monde,* 24 décembre 1984.
16. B. Cyrulnik, *L'Ensorcellement du monde, op. cit.*, p. 81.
17. B. Cyrulnik, *Le Murmure des fantômes*, Odile Jacob, Paris, 2003, p. 70.
18. N. Martin, A. Spire et F. Vincent, *La Résilience. Entretien avec Boris Cyrulnik*, Le Bord de l'eau, Bordeaux, 2009, p. 49-50.
19. B. Cyrulnik, *L'Ensorcellement du monde, op. cit.*
20. B. Cyrulnik, *De chair et d'âme*, Odile Jacob, Paris, 2006.
21. B. Cyrulnik, *L'Ensorcellement du monde, op. cit.*, p. 27.
22. B. Cyrulnik, *Le Murmure des fantômes, op. cit.*, p. 46.
23. B. Cyrulnik, *De la parole comme une molécule*, ESHEL, Paris, 1991.
24. B. Cyrulnik, *Le Murmure des fantômes, op. cit.*, p. 39.
25. *Ibid.*, p. 87.
26. *Ibid.*, p. 33.
27. F. Mouhot, « Le devenir des enfants de l'Aide sociale à l'enfance », *Devenir*, n° 13, 2001, p. 31-66.
28. Ce jugement semble avoir été partiellement infirmé par la Cour d'appel d'Aix-en-Provence en 2016.
29. C. de Tychey, « Surmonter l'adversité. Les fondements dynamiques de la résilience », *Cahiers de psychologie*, n° 1, p. 49-68, 2001.
30. S. Tomkiewicz, « Éthique de la résilience », *in* M. Manciaux (dir.) *La Résilience, résister et se construire*, Médecine et hygiène, Paris, 2001.
31. S. Tisseron, *La Résilience*, coll. « Que sais-je ? », PUF, Paris, 2014.
32. http://urlz.fr/4tNg.
33. <allodoxia.blog.lemonde.fr/2013/05/24/boris-B. Cyrulnik-stop-ou-encore-partie1>.
34. B. Cyrulnik, *L'Ensorcellement du monde, op. cit.*, p. 187.

LES GÂCHIS DE L'OPÉRA DE PARIS

Dans l'arrière-scène d'une institution au bord de la rupture

PAR **AURORE GORIUS**

La démission fracassante de Benjamin Millepied de son poste de directeur de la danse à l'Opéra de Paris, quelques mois seulement après une nomination censée attirer de nouveaux mécènes susceptibles de compenser le désengagement croissant de l'État, a jeté une lumière crue sur la plus grosse institution culturelle française, accusée de conservatisme par le flamboyant et contesté danseur Étoile. Avec ses deux salles (Garnier et Bastille), ses 70 corps de métiers et ses plus de 1 700 employés, l'Opéra peine à faire cohabiter les exigences contradictoires qui le traversent : l'innovation, pour un art, le lyrique, qui n'a produit en France aucune grande œuvre depuis plus de trente ans ou la garantie du nombre élevé des représentations malgré le fort taux d'accidents du travail chez les danseuses et danseurs. Une tutelle politique prônant la rentabilité, et donc la hausse du coût des places, tout en demandant un accès élargi aux publics, ainsi que la baisse de la masse salariale, dans une des institutions les plus syndiquées de France, ont achevé de rendre l'Opéra incontrôlable.

L'année 2016 restera peut-être comme une année charnière pour l'Opéra national de Paris. Une année semée d'embûches, à commencer par la démission du directeur de la danse, Benjamin Millepied, poste qu'il occupait depuis novembre 2014. Appelé dès 2013 par le directeur de l'Opéra en personne, Stéphane Lissner, nouvellement nommé, B. Millepied a jeté l'éponge au bout de quatorze mois seulement, échouant à imposer sa vision. Ce départ pour « raisons personnelles » – telle est, dans un premier temps, la raison invoquée – a confirmé le malaise ressenti depuis l'arrivée du danseur et chorégraphe, volontiers critique à l'égard du corps de ballet et de l'institution. Trois mois plus tard, S. Lissner fait les comptes suite aux grèves en solidarité avec le mouvement de protestation contre la loi Travail. Celles-ci vont entraîner 2 millions d'euros de pertes pour l'Opéra, écrit-il dans une lettre qu'il adresse aux salariés à la fin du mois de mai. *Madame Butterfly*, *Platée*, *Iolanta*, l'avant-première de *Rigoletto* destiné aux jeunes publics et l'*Orfeo* de Monteverdi en mai, puis *La Traviata* et *Aïda* en juin ont tous été annulés, confirmant l'image d'une institution prompte à débrayer et difficilement gérable, réputation propice à décourager certains spectateurs.

Contrôle d'État

Source d'inquiétude pour les abonnements et la billetterie pour le début de la nouvelle saison, les grèves n'ont pas été le seul facteur perturbant d'une rentrée tout sauf sereine. Le 14 septembre, la Cour des comptes a publié son rapport sur la gestion de l'Opéra de Paris de 2005 à 2014. Les magistrats de la rue Cambon y épinglent une suite d'excès, dont une augmentation des dépenses de taxi, qui rappelle malencontreusement les excès d'une Agnès Saal à la tête de l'INA (Institut national de l'audiovisuel), condamnée en avril 2016 à verser une amende et des dommages et intérêts. La hausse des frais de bouche est aussi dans le viseur du rapport de la Cour, mais également un niveau d'encadrement et d'ancienneté élevé qui pèse sur la masse salariale. Laquelle représente 70 % du budget de l'Opéra… Autre sujet préoccupant pour les magistrats, une croissance « *assez significative* » des salaires : à la rémunération de base s'ajoutent pour les agents des « *primes et indemnités nombreuses et diverses* » pour lesquelles la direction « *peine à fournir les fondements juridiques* », écrit-elle. Et de conclure qu'« *une remise en ordre s'impose* ». L'injonction, autrement dit, est de mieux utiliser les quelque 200 millions d'euros de budget annuel, soit deux fois celui du Centre Pompidou et vingt fois celui de la Comédie-Française ou de l'Opéra du Rhin.

La Cour des comptes n'est pas la seule institution à s'inquiéter de l'état des finances de l'Opéra. Signe que la gestion Lissner est mise à mal, Bercy a rétabli, en septembre, le contrôle d'État sur les embauches et les licenciements. Autrement dit, la direction de l'Opéra n'a désormais plus la main sur l'évolution de l'effectif, qui comprend au total 1 750 agents, selon la Cour des comptes. Une décision qui intervient entre autres car le plafond d'emploi (un nombre maximum de postes définis en fonction de la masse salariale) fixé dans le budget chaque année a été dépassé. Face à ces mauvaises nouvelles, la direction de l'Opéra, contactée à de multiples reprises, s'obstine à garder le silence et s'abstient de tout commentaire.

BERCY A RÉTABLI, EN SEPTEMBRE, LE CONTRÔLE D'ÉTAT SUR LES EMBAUCHES ET LES LICENCIEMENTS.

Les problèmes de gestion ont émaillé le mandat de Stéphane Lissner dès son arrivée. Le nouveau directeur n'a pas lésiné, à peine nommé, pour renouveler l'équipe d'encadrement, avec à la clef une envolée des indemnités de départ. Révélé par *Mediapart* dès juin 2014, sa décision de licencier Laurent Hilaire, le directeur du ballet, a coûté 200 000 euros. Même décision concernant le directeur de la dramaturgie, Christophe Ghristi, pour environ 100 000 euros, et pour Patrick-Marie Aubert, chef de chœur avec quatre années d'ancienneté, qui a touché près 170 000 euros. Élisabeth Pezzino, directrice de la programmation avec vingt ans d'ancienneté et proche de la retraite, a, elle aussi, plié bagage, pour un coût de 200 000 euros. Dominique Legrand, directeur des relations sociales et des ressources humaines, est parti quant à lui avec une enveloppe de plus de 300 000 euros... En ajoutant les indemnités de départ de la directrice du planning, ces six licenciements ont coûté au total 1,2 million d'euros et d'autres ont rallongé la note, qui aurait dépassé les 2 millions d'euros. En plus du gaspillage d'argent public, ces licenciements ont privé l'Opéra de personnel qualifié et expérimenté ayant fait ses preuves à la barre d'une institution livrée à elle-même sous la précédente direction. Le prédécesseur de Stéphane Lissner, Nicolas Joël, nommé en 2008 et victime d'une grave maladie, a été remplacé un an avant la fin de son mandat (en 2014 au lieu de 2015). Coût pour l'institution : 500 000 euros d'indemnités.

Des soupçons de prodigalité

La gestion hasardeuse du personnel se double traditionnellement, à l'Opéra, d'une difficulté récurrente sur le plan artistique, dans la maîtrise des coûts de production. Sur ce point, la Cour des comptes délivre cependant plutôt un *satisfecit* dans son rapport. « *Il y a toujours eu un soupçon en prodigalité sur l'Opéra*, note le chercheur Timothée Picard, professeur de littérature à l'université Rennes-2 et auteur de plusieurs ouvrages sur l'Opéra [1]. *L'Opéra est un art total, avec énormément de corps de métiers, de compétences et de savoir-faire. Un spectacle, de fait, coûte cher, c'est incompressible. Si on veut avoir un grand chef ou une grande diva internationale, il y a un marché où les prix sont fixés... Il est toujours possible de rationaliser mais, pour certains genres d'opéras, c'est très difficile, comme pour la* Tétralogie *de Wagner, où il faut un nombre incroyable de solistes. Le spectaculaire fait partie intégrante de l'esthétique du Grand Opéra.* » Institution culturelle française la plus subventionnée de France, la « Grande Boutique », comme l'appelait Verdi, a toujours éprouvé des difficultés à trouver et à préserver son fragile équilibre. Notamment après guerre, quand la Réunion des théâtres lyriques nationaux, qui rassemblait alors l'Opéra Garnier et l'Opéra Comique, connut un lent essoufflement et des problèmes de gestion. Puis, Rolf Liebermann redonna ses lettres de noblesse artistiques à l'Opéra de Paris mais fut lui aussi confronté à une crise financière à la fin de son mandat. La création de l'Opéra Bastille, inauguré en 1989, ouvrit une période d'incertitude en matière de gestion qui dura plusieurs années.

INSTITUTION CULTURELLE FRANÇAISE LA PLUS SUBVENTIONNÉE DE FRANCE, LA « GRANDE BOUTIQUE », COMME L'APPELAIT VERDI, A TOUJOURS ÉPROUVÉ DES DIFFICULTÉS À TROUVER ET À PRÉSERVER SON FRAGILE ÉQUILIBRE.

En 2016, l'institution est de nouveau à bout de souffle. « *Les experts du Comité d'en-*

treprise sont formels, si nous continuons comme ça, l'Opéra va dans le mur. Dans deux ans, c'est le plan social assuré », s'inquiète Erwan Leroux, danseur et délégué CGT, le syndicat majoritaire. Première difficulté : la dotation de l'État a baissé de 2,5 % par an entre 2013 et 2015, pour s'établir à 95 millions d'euros annuels. « *Nous devrions être à plus de 110 millions d'euros par an,* a calculé Erwan Leroux. *Mais ce n'est pas tout. L'État nous a demandé de financer des dépenses en puisant dans notre fond de roulement. En tout, le manque à gagner du côté de l'État est de 40 millions d'euros sur trois ans.* » Le tour de vis financier a été appliqué à tous les théâtres nationaux par la ministre de la Culture du début du quinquennat, Aurélie Filippetti. Lors du changement de gouvernement et l'arrivée de Manuel Valls à Matignon, les baisses ont été stoppées et les subventions maintenues partout, sauf à l'Opéra de Paris. « *Il faudrait une visibilité à cinq ou dix ans, le changement ne peut pas être aussi brutal. Les saisons sont préparées plus de trois ans à l'avance. Il faut que la règle soit constante* », plaide Erwan Leroux.

« Nous avons déjà fait tous les efforts nécessaires »

C'est ainsi l'ensemble du modèle économique de l'Opéra, inspiré par le rapport d'Hugues Gall, directeur de l'Opéra de 1995 à 2004, qui vacille. Un peu plus de trois ans après l'ouverture de l'Opéra Bastille, en novembre 1993, ce rapport a posé les bases du fonctionnement de l'Opéra de Paris sur deux salles : 350 spectacles par an, dont au moins 180 représentations lyriques et au moins 160 spectacles de danse. Depuis, l'Opéra connaît une fréquentation relativement constante, autour de 800 000 spectateurs par an. Mais, aujourd'hui, avec la baisse des moyens, ces objectifs et ce rythme de croisière semblent de plus en plus durs à tenir. « *On a déjà fait tous les efforts nécessaires : hausse du prix des places et réduction d'effectifs* », estime Erwan Leroux. Plus d'une centaine de postes en équivalents temps plein ont été supprimés au cours des dix dernières années. Surtout, le prix des places a atteint un seuil qui décourage nombre de spectateurs, rendant bel et bien caduque le projet d'opéra populaire qui accompagna la création de l'Opéra Bastille.

L'OPÉRA, C'EST 350 SPECTACLES PAR AN, DONT AU MOINS 180 REPRÉSENTATIONS LYRIQUES ET AU MOINS 160 SPECTACLES DE DANSE.

La dotation de l'État est justifiée par les missions de service public que remplit l'Opéra de Paris et qui comprennent, théoriquement, l'accessibilité à un large public. « *On arrive à un niveau où il devient difficile de baisser la subvention* », estime pour sa part Bernard Stirn, président du conseil d'administration depuis 2001. En plus d'« *une tarification permettant autant que possible l'ouverture à tous les publics* », la feuille de route de l'Opéra implique aussi de financer « *l'école de danse, gratuite depuis l'origine, ce qui est unique au monde. Les seuls frais à la charge des familles sont ceux de l'internat* », rappelle-t-il. Celle-ci, basée à Nanterre depuis 1987, accueille plus de cent vingt petits rats âgés de huit à dix-huit ans. De plus en plus souvent, le corps de ballet fait appel à ses recrues les plus âgées pour venir renforcer les effectifs. Enfin, l'Opéra doit répondre à « *une obligation de programmation. Son répertoire doit montrer toutes les époques de l'Opéra et du ballet, ainsi que des créations* ». Si les deux derniers points sont toujours respectés, l'ouverture aux publics de l'Opéra de Paris ressemble aujourd'hui à un vœu pieux.

D'après le rapport des experts du comité d'entreprise, la hausse du prix des places a été amorcée dès 2009. Mais, à son arrivée, Stéphane Lissner l'a poursuivie. Des représentations à dix euros, réservées aux jeunes de moins de vingt-huit ans sont bien proposées, mais en très petit nombre. Les places aux catégories les plus accessibles financièrement sont minoritaires : celles à moins de soixante-dix euros sont largement moins nombreuses que les places à plus de cent cinquante euros. Et les plus chères peuvent coûter le double ! Autant dire que ces tarifs excluent *de facto* les classes moyennes. *A contrario*, dans les opéras en région (Lyon, Opéra du Rhin, Lille, Dijon…), les premières catégories ne dépassent pas la barre des cent euros. Mais la logique montre dorénavant ses limites : les spectacles ne font plus le plein. Sur la saison 2014-2015, la direction prévoyait des jauges remplies à 92 %. En réalité, elles ne l'ont été qu'à 85 %… Une jauge représentant plus de 300 000 euros pour le lyrique, et plus de 200 000 pour la danse, sept points d'écart par rapport aux prévisions correspondent à une perte sèche non négligeable. À raison de 21 000 euros par représentation lyrique et 14 000 euros pour un spectacle de danse, elle dépasse les 5 millions d'euros. Augmenter les tarifs décourage les spectateurs. Le palier est atteint, de nouvelles sources de financement sont nécessaires. Mais cela ne viendra pas de l'État, qui pousse l'Opéra à développer ses recettes propres. Injonction publique paradoxale, qui oblige à augmenter le prix des places en dépit de sa mission d'ouverture sociale…

INJONCTION PUBLIQUE PARADOXALE, QUI OBLIGE À AUGMENTER LE PRIX DES PLACES EN DÉPIT DE SA MISSION D'OUVERTURE SOCIALE.

« *La part des recettes propres représente désormais plus de la moitié du budget. Idéalement, il serait bien d'atteindre les 60 %. Avant la création de Bastille, la subvention de l'État comptait pour les trois quarts du budget* », se félicite Bernard Stirn. Les visites de Garnier, troisième lieu le plus visité de France en dehors des musées, le restaurant, ouvert en 2011 et qui rapporte 800 000 euros par an, ainsi que la boutique ont permis cette évolution. « *Et nous avons beaucoup développé le mécénat ces dernières années. Il approche les 15 millions d'euros annuels. Quand j'ai pris mes fonctions en 2001, c'était 3 millions* », note encore Bernard Stirn. Présidée par Jean-Louis Beffa, l'Association pour le rayonnement de l'Opéra de Paris (AROP) rassemble quelque 3 000 donateurs, dont les entreprises EY (ex-Ernst & Young), Paprec, Rolex, Engie, BNP et de grands donateurs comme Lily Safra ou Pierre Bergé. L'Opéra reste un signe de distinction sociale, même si les élites, et parmi elles les grands patrons, tendent à absorber un panel de plus en plus large de pratiques culturelles, y compris plus populaires comme le rock, voire le hip hop [2]. Mais, aussi dynamique soit-il, le mécénat reste pour l'instant insuffisant pour combler la baisse de la subvention de l'État.

AUSSI DYNAMIQUE SOIT-IL, LE MÉCÉNAT RESTE POUR L'INSTANT INSUFFISANT POUR COMBLER LA BAISSE DE LA SUBVENTION DE L'ÉTAT.

Millepied, mille mécontents

L'arrivée de Benjamin Millepied, censée renouveler l'image de l'Opéra, n'était pas sans arrière-pensées sur le plan financier. Mari de l'actrice américaine Nathalie Portman, sa réputation dépasse les frontières de l'Hexagone et son parcours s'est écrit en grande partie outre-Atlantique, au sein du New York City Ballet, dont il devint danseur Étoile en 2001, puis du LA Dance Project qu'il a fondé en 2011. Plébiscité par de généreux donateurs, américains notamment mais pas uniquement, Benjamin Millepied a réussi à lever des fonds. Le gala d'ouverture de la saison 2015-2016 a permis de récolter plus d'un million d'euros, contre 100 000 à 400 000 habituellement. L'un de ses grands chantiers fut l'amélioration des conditions de travail des danseurs. Il s'attela ainsi à remplacer les planchers de l'Opéra Garnier, qui dataient de Rudolph Noureev, adepte de planchers assez durs. L'argent avait été trouvé pour remplacer les planchers des salles de répétition de l'Opéra Bastille en 2012. Mais Garnier, qui fut un temps le Palais de la danse, compte plus de salles et l'opération est plus onéreuse. À l'été 2014, les sept studios de répétition, ainsi que le Foyer de la danse, situé à l'arrière de la scène, ont été équipés de nouveaux planchers par l'entreprise Harlequin Europe. C'est Lily Safra qui a débloqué la somme nécessaire, dont le montant a atteint le demi-million d'euros. La note a été réglée directement du mécène au fabriquant sans appel d'offre public, procédure à laquelle est assujetti l'Opéra, mais à laquelle, avantage non négligeable, le mécénat échappe.

Mais, en dépit d'une réelle bouffée d'air frais à son arrivée, la greffe entre B. Millepied et le ballet n'a pas pris. Ce dernier était certes demandeur de changement après le « règne » de Brigitte Lefèvre, directrice de la danse pendant plus de vingt ans. « *Benjamin Millepied a été très bien accueilli,* explique Arnaud Dreyfus, délégué du ballet de 2009 à 2014. *Nous sommes une maison de tradition depuis 1669, on tient notamment grâce aux grands ballets du répertoire. Mais il y avait un grand désir de changement. Pas un désir de rupture, mais de nouveauté.* » La plupart des danseurs n'ayant connu que Brigitte Lefèvre, le défi était de taille. « *Quand vous arrivez après vingt ans de dictature, il n'y a pas d'autre mot, c'est très difficile pour la première personne qui prend le pouvoir ensuite*, estime Arnaud Dreyfus. *C'est tombé sur Benjamin Millepied, ça aurait pu tomber sur quelqu'un d'autre. C'est compliqué de développer une nouvelle vision quand vous êtes complètement étranger à ce système de fonctionnement qui marche de la même façon de manière automatique depuis deux décennies. Un directeur de la danse n'a pas pour mission de rester deux décennies à ce poste. Noureev est resté six ans, trente ans plus tard nous sommes encore sous son héritage, mais les danseurs ont besoin de renouvellement.* » On ne change pas du jour au lendemain les vieilles habitudes et une organisation que B. Millepied a qualifiée de « *militaire* » et « *archaïque* ». Son regard critique portait notamment sur les cinq grades hiérarchiques immuables (de quadrille à Étoile) et la discipline de fer. Lorsqu'il est arrivé, la quasi-totalité du ballet n'avait connu qu'un seul et même mode de fonctionnement. Ces résistances au changement se sont doublées d'une lourdeur administrative propre aux grandes institutions, à laquelle il ne s'attendait peut-être pas.

LE DÉPART DE BENJAMIN MILLEPIED A « SOULAGÉ » LE BALLET, SOUFFLE UNE DANSEUSE.

Au sein du corps de ballet, les critiques sont nombreuses à l'égard de B. Millepied – et s'expriment en *off*. Elles sont le reflet d'une institution sur la défensive, bousculée, et qui s'est sentie rabaissée. Le départ de B. Millepied a « *soulagé* » le ballet, souffle une danseuse. « *C'était un mondain paresseux* », renchérit un autre. Homme de communication à l'extérieur, le nouveau venu n'a pas réussi à fédérer le ballet derrière sa volonté de changement. Était-ce possible ? La transition ne pouvait en tout cas se faire qu'en douceur, tandis que B. Millepied voulait aller vite et changer en profondeur. Lors d'une première réunion avant sa prise de fonction, en marge des répétitions de *Daphnis et Chloé* que B. Millepied chorégraphiait alors à l'Opéra de Paris, il a d'emblée braqué une partie de son auditoire. « *Nous n'étions pas assez modernes, pas connectés, nous n'avions rien compris aux réseaux sociaux. Il a descendu le travail de Brigitte Lefèvre, qui nous aurait étouffés et sclérosés. Il s'est beaucoup exprimé, trop, et trop vite* », estime une personne présente. Quelques semaines plus tard, B. Millepied participait au concours de recrutement des danseurs de l'Opéra, très sélectif, et se montrait extrêmement critique, le jugeant archaïque et estimant qu'il ne servait à rien. Ce fut une erreur stratégique car les danseurs, formés dès leur plus jeune âge dans cette logique, sont attachés au concours, organisé par un jury de dix personnes, cinq de la direction et cinq issues du ballet, ainsi qu'à une certaine forme de promotion interne, qui organise leur évolution tout au long de leur carrière.

La volonté d'améliorer les conditions de travail des danseurs a été menée à bien et appréciée. Un espace santé a été créé et un médecin de l'Insep (Institut national du sport de l'expertise et de la performance) est maintenant présent quatre jours sur sept à l'Opéra, par demi-journée, consultable par tous les danseurs. Le temps de pause à la mi-journée a été allongé pour permettre une meilleure récupération. À l'Opéra, entre cent et cent cinquante accidents du travail touchent le corps de ballet tous les ans. Le danseur Étoile Joshua Hoffalt a par exemple mis cinq ans à gravir l'échelon de sujet à premier danseur, en raison de blessures à répétition qui ont retardé sa progression. Les blessures étant

À L'OPÉRA, ENTRE CENT ET CENT CINQUANTE ACCIDENTS DU TRAVAIL TOUCHENT LE CORPS DE BALLET TOUS LES ANS.

fréquentes, elles sont souvent des opportunités pour les plus jeunes de faire leurs preuves. C'est parce que la danseuse, mais aussi ses quatre remplaçantes, étaient toutes blessées pour une représentation de *La Bayadère* que Ludmila Pagliero, devenue Étoile depuis, a été sollicitée pour son premier grand rôle de soliste à Bastille, dans le rôle de Gamzatti… Mais B. Millepied a irrité le ballet en comparant constamment les conditions de soins de la « Grande Boutique » avec ce qui se pratique aux États-Unis. « *Il n'y a pas les mêmes garanties en matière de sécurité sociale outre-Atlantique*, rappelle une danseuse. *Nous sommes en CDI, nos accidents du travail sont payés, on peut prendre le temps de se réparer avec tout un réseau de soignants que les membres du ballet se conseillent mutuellement et qui connaissent très bien nos contraintes et nos traumatismes récurrents. Nous n'avons pas attendu Benjamin Millepied pour prendre soin de nous.* »

Autre problème, l'attention portée au corps de ballet dans son ensemble. À son arrivée, B. Millepied a constitué une garde rapprochée d'une trentaine de danseurs, à la moyenne d'âge bien plus jeune que celle du ballet, avec qui il a développé ses projets, notamment sa création *Clear, Loud, Bright, Forward*, qui a ouvert sa première saison en 2015 à l'Opéra de Paris et dont le documentaire *Relève*, diffusé par Canal+ fin 2015, suit les répétitions. Il a toujours donné sa chance aux mêmes et une grande part du ballet, qui compte au total cent cinquante-quatre danseurs, s'est sentie délaissée, voire méprisée. Le fossé était important avec une Brigitte Lefèvre très politique, qui connaissait chaque danseur et l'ensemble des équipes, y compris les techniciens. B. Millepied, lui, s'est concentré sur ses homologues et sur ses créations. « *Brigitte était partout, Benjamin n'était nulle part. Il a nous semblé très absent* », résume une danseuse. « *Au poste de directeur de la danse, on se doit d'être attentif à chacun car les danseurs sont tous bons. Certains sont plus fragiles pour une raison ou pour une autre ; il faut les accompagner* », renchérit Brigitte Lefèvre. « *En réalité, Benjamin était dans un moment d'exaltation, dans un désir de créer. Il n'a pas demandé à venir, c'est Stéphane Lissner qui est allé le chercher. Il y avait des choses à améliorer, bien sûr, mais il a eu ce péché de penser qu'avant, tout était moche. Et ils sont rentrés dans cette logique, ce qui était à gauche on le mettait à droite, ce qui était devant on le mettait derrière, ça a créé une espèce de confusion. Le ballet n'en pouvait plus* », croit savoir l'ancienne directrice de la danse.

« *Il y avait beaucoup d'esbroufe de la part de Benjamin, la majorité n'était pas contente, elle a fini par l'emporter* », déclare en écho un danseur. Le documentaire de Canal+ lui aussi est mal passé, qui adhère totalement à la personnalité et au projet du danseur. Il donne l'impression que B. Millepied poursuit avant tout une stratégie personnelle. « *Le ballet de l'Opéra de Paris est l'un des plus prestigieux au monde, il n'est pas là pour faire la promotion personnelle de*

EN DÉCEMBRE 2015, UNE INTERVIEW DONNÉE AU *FIGARO* A SCELLÉ LE DESTIN DE BENJAMIN MILLEPIED.

qui que ce soit », lâche un danseur, toujours en *off*. En décembre 2015, une interview donnée au *Figaro* a scellé le destin de B. Millepied. « *Être danseur, c'est s'exprimer, pas tenter de ressembler à un motif sur du papier peint !* », a-t-il notamment déclaré. La grogne du ballet s'est exprimée de plus belle et a fini par avoir raison de lui. Benjamin Millepied a été poussé vers la sortie et a annoncé sa démission moins de deux mois plus tard. Il a passé le relais à la danseuse Étoile Aurélie Dupont, qui fut sa muse, et sera nommée pour lui succéder deux jours plus tard. Avec son départ, c'est aussi le projet de « troisième scène », piloté par son ami Dimitri Chamblas, qui s'est retrouvé au point mort. Le mandat de Stéphane Lissner s'est ouvert avec la volonté de renforcer la présence numérique de l'Opéra de Paris. Cette « troisième scène » (à côté de Garnier et Bastille), plate-forme web accueillant des créations inédites autour de la musique, de la danse, du patrimoine, de l'opéra, du chant et des métiers de l'Opéra de Paris, a commandé plusieurs œuvres originales à des réalisateurs (Mathieu Amalric, Valérie Donzelli, Bertrand Bonello…), photographes (Denis Darzacq, Pierre Even…) ou écrivains (Éric Reinhardt). Avec la volonté de promouvoir l'Opéra par la création auprès d'un public plus jeune. Cette bonne idée n'a pas eu le temps de mûrir, ni de produire beaucoup d'effets.

Le lyrique moins innovant

Si la danse a connu des remous, le lyrique n'en est pas moins lui aussi sur la sellette. Les imprévus sont légion dans ces productions, notamment du côté des chanteurs. Le ténor allemand Jonas Kaufmann a annulé sa participation à six représentations des *Contes d'Hoffmann* prévues en novembre 2016, suite à un hématome sur les cordes vocales. Grosse tuile pour l'Opéra, car ce sont les stars du lyrique qui permettent de drainer un large public. Le genre, lui, a du mal à se renouveler. Contrairement à la danse, peu d'opéras ont été créés de toutes pièces à Paris au cours des dernières décennies. L'une des dernières grandes commandes a été passée par Rolf Liebermann à Olivier Messiaen, qui travailla durant huit ans pour créer *Saint François d'Assise*. Cela remonte à 1975, la première ayant eu lieu le 28 novembre 1983… Depuis, seules les mises en scène évoluent et peuvent ainsi contribuer à renouveler le désir des spectateurs. L'Opéra a pourtant longtemps été à la pointe des expérimentations, car le genre s'y prête : qu'est-ce qu'une adaptation ? quelle place pour la technique ? la vidéo ?… Mais l'Opéra de Paris n'est plus aussi innovant et son public traditionnel s'effrite. « *Une frange de l'élite intellectuelle était plutôt favorable à l'opéra jusque dans les années 1980, où opéra et avant-garde coïncidaient. Barthes, Foucault, Deleuze adoraient l'opéra et l'avait réhabilité. Cette dynamique s'est maintenue jusque dans les années 1990 puis est retombée. L'élite culturelle et branchée qui hier se passionnait pour l'opéra l'a déserté aujourd'hui, voire le dénigre. C'est sorti de son ADN culturel* », constate le chercheur

Timothée Picard. Cette défection culturelle se double d'une défection sociale. À l'origine, l'Opéra Garnier a été conçu par Napoléon III pour être la vitrine du Second Empire et de la bourgeoisie triomphante – dans laquelle persistait un fort résidu aristocratique. Le bâtiment commandé à l'architecte Charles Garnier a été construit pour exalter cet état de la société : la bourgeoisie à son âge d'or. Mais cette logique ne va plus de soi. « *Une certaine bourgeoisie qui pensait que l'opéra faisait partie des choses qu'il fallait faire, dans une forme de reproduction sociale qu'a décrite Bourdieu, a aujourd'hui disparu du public de l'Opéra* », résume Timothée Picard.

« UNE CERTAINE BOURGEOISIE QUI PENSAIT QUE L'OPÉRA FAISAIT PARTIE DES CHOSES QU'IL FALLAIT FAIRE A AUJOURD'HUI DISPARU DU PUBLIC DE L'OPÉRA. »

Autre difficulté pour l'Opéra, le rapport à la tutelle politique. Celle-ci se pique souvent d'avoir une opinion artistique plus ou moins affirmée… « *En général, le ministre de la Culture et le directeur de la création artistique savent ce qu'il faut faire à l'Opéra. Cette tradition remonte à la création de Garnier en 1875. Du moins, ils pensent qu'ils savent et ont des idées sur la programmation. Quand ils ont une opinion artistique et que l'Opéra ne marche pas très bien, c'est encore plus tendu* », explique Jean-Philippe Saint-Geours, qui fut directeur général à une période charnière, entre 1983 et 1989, lorsque le projet de la Bastille était en train de voir le jour [3]. Ces essais d'influence sur la programmation se révèlent plus ou moins concluants en fonction de la personnalité et des compétences des directeurs successifs, qui doivent rendre des comptes sur leur budget. Et répondre à un double objectif : avoir une politique de répertoire pour un large public, avec des spectacles qui vont tenir un certain temps pour être amortis, mais aussi développer un projet artistique ambitieux qui connote la direction.

Car, pour rester une institution attractive, l'institution se doit d'innover. Côté qualité artistique, l'Opéra de Paris n'a rien à envier aux autres grands opéras mondiaux comme le New York City Ballet, Covent Garden, la Scala ou encore l'Opéra de Munich. Son orchestre est, en particulier, reconnu comme l'un des tout meilleurs orchestres de fosse du monde. L'innovation, elle, dépend beaucoup des directeurs et directrices… Gérard Mortier, directeur de 2004 à 2009, avait un goût marqué pour l'innovation scénographique. Nicolas Joël a ensuite incarné plutôt l'autre bord, avec des productions de qualité mais pas forcément révolutionnaires. La succession des directeurs répond à une sorte de dialectique entre tradition et modernité. Stéphane Lissner, lui, serait plutôt du côté plus novateur, en faisant appel à des metteurs en scène comme Krzysztof Warlikowski ou Dmitri Tcherniakov. Le choix de programmer *Moïse et Aaron* d'Arnold Schönberg en ouverture de la saison lyrique 2015-2016, mis en scène par Romeo Castellucci, a été le signal d'une saison placée sous le signe du renouveau, saluée par la critique, avec dix-huit nouveaux spectacles pour quatorze reprises. La danse n'est pas en reste. Brigitte Lefèvre avait ouvert la « Grande Boutique » à la danse contemporaine, en invitant de grands chorégraphes comme William Forsythe, Pina Bausch, Angelin Preljocaj ou encore Sacha Waltz… Benjamin Millepied a ajouté à cette liste des chorégraphes américains comme George Balanchine, Jerome Robbins ou Justin Peck, mais aussi la Belge Anne Teresa De Keersmaeker. La création est un objectif inscrit dans la lettre de mission de l'Opéra de Paris. Mais elle est menacée par les coupes budgétaires.

« *Les rapports avec la tutelle sont toujours très mauvais, parce qu'on est dans un rapport de forces*, juge Jean-Philippe Saint-Geours. *Même si la subvention a baissé relativement dans le budget de l'établissement, elle est toujours trop importante, en valeur absolue et par rapport au reste de la politique artistique de l'État. C'est une des grosses masses budgétaires à dépenser. Pour une activité qui reste élitiste et parisienne, pas seulement dans l'esprit des gens mais aussi dans la réalité.* » Les politiques ont du mal à mettre la main à la poche pour une activité jugée encore réservée à quelques *happy few*, qui est aussi une activité à risques, forcément aléatoire, et qui dépend, en partie, du tourisme, donc des attentats, de la bonne ou de la mauvaise programmation, de la santé des artistes… Les conseils des politiques sont ainsi souvent tournés vers la rentabilité, bien qu'ils connaissent mal le fonctionnement de l'Opéra. « *Les tutelles peuvent vous inciter à faire de mauvais choix. Elles sont obsédées par « pourquoi ne faire que douze* Traviata *et pas dix-huit ? ». La réponse est que les voix s'usent et doivent se reposer. Avec plus de représentations, il y aura double ou triple distribution et les spectateurs choisiront leurs billets en fonction de ça. Du coup, certains jours, ça ne va pas être plein, on va prendre le bouillon…* », explique Dominique Legrand, ancien directeur des ressources humaines. « *Et ce n'est pas parce que* La Traviata *a été jouée une année, reprise l'année suivante, puis mise en jachère un an, puis reprise, toujours en faisant le plein, que ce sera aussi le cas si elle est jouée vingt-cinq jours de suite la même année… Il n'y a pas forcément le public pour ça* », poursuit-il.

LES CONSEILS DES POLITIQUES SONT SOUVENT TOURNÉS VERS LA RENTABILITÉ, BIEN QU'ILS CONNAISSENT MAL LE FONCTIONNEMENT DE L'OPÉRA.

La tutelle n'a en général pas non plus conscience des difficultés de gestion des plannings, pour faire travailler ensemble plusieurs corps de métiers. « *Si la directrice de la danse a besoin de la scène pour répéter* Le Lac des Cygnes *à Bastille, il faut que ce soit prévu sur le planning deux ans à l'avance parce qu'il faut que l'orchestre soit disponible, le chef éclairagiste et ses équipes, etc. Il ne faut pas de lyrique au même moment, pas de décor d'une autre production, pas d'accessoire qui traîne… Il y a des normes de sécurité très importantes* », explique Arnaud Dreyfus. Dans la phase de création, la programmation des techniciens et des artistes doit être relativement souple pour s'adapter aux besoins du metteur en scène. Or les disciplines artistiques et techniques ont elles-mêmes des rythmes de travail et des contraintes différentes. Les équipes de techniciens doivent se relayer tout le temps car le théâtre est en ordre de marche en permanence. Les musiciens, eux, donnent des cours en dehors de l'Opéra…

« *L'Opéra de Paris a inventé la grève* »

De plus, l'Opéra présente un paysage social complexe, dont Stéphane Lissner a eu du mal à prendre la mesure. Avec soixante-dix corps de métiers et une convention collective plus volumineuse que le code du travail, le climat social y est tendu, avec en arrière-plan des négociations permanentes, le plus souvent pied à pied. « *L'Opéra de Paris a inventé la grève* », assure même Hugues Gall qui, dans sa rationalisation à marche forcée, avait oublié le facteur humain et le dialogue et fut confronté à de longs mouvements sociaux. Au début du XVIIIe siècle, sous la Régence, les chanteurs et les danseurs un peu vieillissants ont réclamé une caisse de retraite, sur le modèle de celle créée pour les marins de la Royale. La Régence a commencé par refuser, les acteurs se sont mis en grève et ont obtenu assez rapidement la création de la première caisse de retraite civile de l'histoire de France. Ce régime spécial, justifié en particulier par le départ précoce des artistes à la retraite, a ensuite été étendu à tout le personnel de l'Opéra. Aujourd'hui, un certain corporatisme prévaut au sein des différents métiers. Impensable pour des maquilleuses de venir aider à déplacer un élément de décor pendant un changement de scène, même si elles sont inactives à ce moment-là. S'il manque des bras, ce seront des intermittents qui seront appelés en renfort. Les métiers de plateau, machinistes, accessoiristes ou éclairagistes, sont en position de force pour négocier, car les spectacles peuvent difficilement avoir lieu sans eux. La nouvelle direction a voulu inaugurer une nouvelle forme de dialogue social, mais s'est pris les pieds dans le tapis. En 2014, Stéphane Lissner et son bras droit, Jean-Philippe Thiellay, ont annoncé un changement de méthode dans le dialogue social et leur volonté de négocier avec l'ensemble des organisations syndicales, plus seulement avec la CGT et la CFDT. L'initiative, certes louable, a conduit à une multiplication des revendications sociales et des préavis de grève tout au long du second semestre 2015 et jusqu'aux élections professionnelles de mars 2016.

Dans cette lutte à couteaux tirés, les règlements de comptes passent parfois par la presse… Fin 2015, un article est opportunément paru dans le quotidien *Le Parisien*, relayant une note de téléphone portable de 52 000 euros d'un délégué FSU sur une ligne payée par l'Opéra. Sa fédération a fini par le désavouer, mais la FSU de l'Opéra ne s'en est jamais remise et n'a présenté aucun candidat aux élections professionnelles. « *Stéphane Lissner a passé huit ans à la Scala, un opéra très prestigieux mais beaucoup plus petit, avec une alternance entre le lyrique et le ballet. À Paris, il y a en permanence sept spectacles sur deux sites. Vous êtes jugé à la gestion. Les syndicats sont pervers, il faut faire des alliances. Lissner n'a pas pris la dimension du truc et s'est mal entouré* », juge un ancien salarié de la maison.

DANS UN CONTEXTE ÉCONOMIQUE TRÈS TENDU, LA MARGE DE NÉGOCIATION DE LA DIRECTION EST DÉSORMAIS RÉDUITE.

Mais, dans un contexte économique très tendu, la marge de négociation de la direction est désormais réduite. D'autant qu'elle n'a plus toutes les cartes en main, Bercy ayant décidé de resserrer son contrôle. Impossible, ainsi, de faire miroiter des contreparties pour obtenir des efforts de la part de certaines catégories du personnel. Déjà, en interne, plusieurs voix s'inquiètent d'une éventuelle dénonciation de la convention collective. Pour quelle issue ? Faire plus de spectacles pour combler la baisse de la dotation ? Difficile, en réduisant dans le même temps le nombre de postes. « *L'occupation des deux plateaux est déjà très forte, donc il faudrait une troisième salle… Mais est-ce que les spectateurs suivraient ? Et avec quel personnel ?* », s'interroge Arnaud Dreyfus. Autre solution, baisser le nombre de productions, revoir les effectifs à la baisse, au risque de voir les recettes chuter et le rayonnement de l'Opéra de Paris remis en cause. Pour l'instant, tout semble suspendu au verdict de la présidentielle en mai prochain et aux orientations que donnera la nouvelle majorité à la politique culturelle. Mais, quelle que soit l'issue, le casse-tête pour redéfinir l'avenir de l'Opéra de Paris ne fait que commencer.

1. T. Picard, *La Civilisation de l'Opéra*, Fayard, Paris, 2016.
2. L. Raim, « Ce que lisent, écoutent et collectionnent les grands patrons », *Revue du Crieur* n° 4, juin 2016.
3. J.-P. Saint-Geours et C. Tardieu, *L'Opéra de Paris. Coulisses et secrets du Palais Garnier*, Plon, Paris, 2015.

EN AFRIQUE, LA CULTURE *MADE IN* BOLLORÉ

Les dessous d'un nouveau *soft power*

PAR ANTOINE PECQUEUR

« Bolloré » et « Afrique » riment habituellement avec infrastructures portuaires et procès intentés par l'industriel et patron de médias breton à celles et ceux qui dénoncent les conditions de travail de ses employés ou sous-traitants. Mais l'homme d'affaires se lance désormais dans un nouveau projet africain : « Canal Olympia », qui ne vise à rien de moins qu'à la conquête du cinéma, de la musique et de l'offre télévisuelle sur le continent. Au-delà du potentiel économique d'un marché en pleine émergence, la culture est vue par Vincent Bolloré comme un « soft power » redoutablement efficace, tant pour contrer les investisseurs chinois que pour séduire des régimes autoritaires indispensables au développement de son pouvoir sur le sol africain.

Dix mille kilomètres aller-retour. C'est ce qu'aura parcouru Vincent Bolloré en personne pour inaugurer un équipement culturel à Yaoundé. Nous sommes le 14 juin 2016, cinq jours seulement après le refus en France de l'Autorité de la concurrence de valider l'accord de distribution exclusive de beIN Sports par la chaîne Canal +, dont Bolloré a repris les rênes un an auparavant. On aurait pu imaginer l'homme d'affaires breton entièrement investi dans ce projet, qui fait alors la une de la presse économique. Mais non, Vincent Bolloré préfère aller en Afrique.

Ce continent est devenu son terrain de prédilection, associé à un secteur d'activité : la logistique. Un terme pour désigner la gestion des ports – longtemps nationalisés, les terminaux portuaires sont de plus en plus privatisés par les pays africains – ainsi que celle du réseau ferroviaire, alliant fret et transport de passagers. Depuis janvier, ces activités sont réunies au sein d'une nouvelle entité : Bolloré transports et logistique (BTL), dirigé par Cyrille Bolloré, trente ans, le benjamin des trois fils de Vincent. Une véritable machine à cash : ce pôle génère 77 % du chiffre d'affaires annuel du groupe (8,3 milliards d'euros sur les 10,8 milliards). BTL fait de l'Afrique sa priorité : sur ses 36 000 collaborateurs, 24 000 sont dédiés à l'Afrique. Largement présent dans les pays francophones, le groupe conquiert aussi de plus en plus l'Afrique anglophone, comme on le voit notamment à Lagos (Nigeria) ou Freetown (Sierra Leone).

Les petits plats dans les grands

Mais, après la logistique, c'est désormais la culture et les médias qui intéressent Vincent Bolloré sur ce continent. À travers ses différentes marques, Bolloré veut être celui qui va faire décoller la culture africaine, conscient tant du potentiel économique de ce marché émergent que des retombées positives en termes d'image pour le groupe. En cette mi-juin, il lance donc à Yaoundé son dernier « bébé » : le projet Canal Olympia, un concept réunissant salle de spectacle et de cinéma, financé par Vivendi (dont le groupe Bolloré possède 20 % du capital et dont Vincent Bolloré est le président du conseil de surveillance). Le but est de décliner ce type d'équipement à travers tout le continent africain ; la construction d'une centaine de salles est prévue à long terme.

APRÈS LA LOGISTIQUE, C'EST DÉSORMAIS LA CULTURE ET LES MÉDIAS QUI INTÉRESSENT BOLLORÉ.

Pour l'ouverture du premier Canal Olympia, on a mis les petits plats dans les grands. Le Premier ministre du Cameroun et dix ministres du gouvernement étaient présents à la cérémonie d'inauguration. Seul le président, Paul Biya, 83 ans, manquait à l'appel. On le dit en Europe… Il est en tout cas rare de voir autant d'officiels d'un pays pour l'ouverture d'une salle de cinéma. Mais ce n'est pas tout : des milliers d'étudiants assistaient à l'inauguration. Car la salle Canal Olympia est située sur le campus de l'université Yaoundé 1, l'une des plus grandes d'Afrique centrale. « *Nous étions en pleine période d'examens. Mais pour l'ouverture de Canal Olympia, le recteur a suspendu exceptionnellement les épreuves, permettant aux étudiants d'assister à la cérémonie* », nous explique le professeur Louis-Martin Onguéné Essono, doyen de la faculté des arts, lettres et sciences humaines de Yaoundé 1, avant d'ajouter que, « *pour l'occasion, la chorale de l'université a même composé et interprété une chanson en l'honneur de Vincent Bolloré* ». Ambiance…

Il faut dire que les étudiants de Yaoundé 1 connaissent bien le milliardaire. Cela fait deux ans qu'ils circulent à bord des bus électriques mis en place sur tout le campus par le groupe Bolloré. « *C'est un don que Bolloré a fait à l'université* », nous dit-on laconiquement au rectorat de Yaoundé 1. La clochette des « Blue bus » – la « Blue solution » est la filiale du groupe Bolloré dédiée à l'électrique et confiée à sa fille – rythme la vie du campus, accompagnée désormais de contrôles de sécurité : à chaque montée dans un véhicule, les étudiants doivent ouvrir leurs sacs de cours et les présenter à un agent, en raison du risque d'attaque, toujours élevé au Cameroun, de la secte islamiste Boko Haram. Le Nigeria n'est qu'à trois cents kilomètres.

L'implantation est symbolique : la salle Canal Olympia a été construite en bas de l'université, pile en face du terminal des « Blue bus ». Grillages, agents de sécurité 24 heures sur 24 (financés par Bolloré)… les bus comme la salle de spectacle sont placés sous haute protection. Des équipements dernier cri qui contrastent avec les logements voisins des étudiants, aux façades délabrées, où pendant la saison des pluies se manifestent d'impressionnantes infiltrations d'eau. Quelques chiens errants se frayent un passage au milieu des palmiers et des manguiers.

La salle Canal Olympia arbore, elle, fièrement son logo flambant neuf, rouge et gris. Un placement de produits ? Le nom de la salle regroupe avec beaucoup d'habileté deux marques de Bolloré. En premier lieu, Canal +, qui, grâce à l'essor du réseau de fibres optiques, est de plus en plus présent en Afrique, retransmis dans une quarantaine de pays. Au moment où le groupe de télévision payante perd en France 272 000 abonnés au premier semestre 2016, il en gagne 615 000 en Afrique. Le développement sur ce continent est devenu un axe majeur de la stratégie de la chaîne cryptée. Est-ce aussi là l'une des raisons du départ de certains animateurs, stars en France mais inconnus de l'autre côté de la Méditerranée ? Pour séduire les téléspectateurs africains, la chaîne se concentre sur le sport et le cinéma. Pas sûr non plus que l'ancien esprit Canal, corrosif et décalé, ait pu convenir à des régimes politiques portant régulièrement atteinte à la liberté d'expression.

L'autre marque, c'est l'Olympia, qui a été racheté par Vivendi en 2001 et qui reste l'une des salles de concert les plus mythiques de la planète. Elle offre aujourd'hui une vitrine sur mesure pour les artistes du label Universal Music, dont la maison mère n'est autre que Vivendi. Depuis février, Universal Music a un nouveau patron, Olivier Nusse, choisi par Vincent Bolloré pour succéder à l'iconique Pascal Nègre. Et désormais la major se développe à grande vitesse sur le territoire africain. Au programme : un label dédié (Island Africa), l'ouverture d'un bureau à Abidjan, le rachat de catalogues, la signature de nouveaux artistes et même la construction de studios... Une gageure quand on sait l'importance du piratage des enregistrements sur ce continent. Mais Bolloré croit dans le développement d'Internet, et donc du streaming, en Afrique. Si aujourd'hui les connexions sont encore majoritairement lentes et coûteuses sur le continent, l'essor va se faire grâce aux mobiles connectés : en 2016, selon l'International Telecom Union, le taux de pénétration des smartphones devrait augmenter en Afrique de plus de 28 %. En association avec Samsung, Universal a ainsi lancé un service de streaming dédié à l'Afrique, « The Kleek ». Et la vitrine se veut alléchante : des musiciens africains de premier plan, comme le chanteur congolais Fally Ipupa ou l'Ivoirien DJ Arafat, sont déjà en contrat chez Universal.

Un parfait exemple de synergie

Au final, ces deux emblèmes, Canal + et l'Olympia, doivent illustrer la double vocation de la salle de Yaoundé et, par la suite, de tous les autres Canal Olympia du continent : le cinéma à l'intérieur et, à l'extérieur, des concerts en plein air. Le projet a toutes les chances de figurer en bonne place dans les manuels d'école de commerce comme un parfait exemple de synergie. « *Nous possédons tous les actifs dans le groupe pour pouvoir exploiter cette salle et développer le réseau : des artistes chez Universal, des médias chez Canal ainsi que chez Dailymotion* [la plateforme a été rachetée par Vivendi pour 280 millions d'euros en juin 2015] *et surtout de l'expertise en Afrique* », souligne Corinne Bach, directrice du projet Canal Olympia chez Vivendi.

D'un point de vue architectural, comment allier cette double vocation cinématographico-musicale ? Le projet a été confié à l'architecte de Vivendi, Nicolas Brossel, qui a joué la carte du fonctionnel – le but étant ensuite de décliner à l'identique cet équipement. À l'extérieur, un terrain sommaire recouvert de gravier et entouré de grillage pour les concerts en plein air, avec quelques buvettes. Et, à l'intérieur, une salle en gradins de 300 places, dotée d'équipements numériques pour la retransmission des films. Afin de réunir les deux usages, une légère avancée derrière l'écran fait office de scène pour les concerts en plein air. Fidèle à l'esprit Bolloré, le bâtiment se veut écologique, équipé en panneaux solaires. Le projet a en tout cas été réalisé en un temps record : le chantier n'aura duré que trois mois. « *Les ouvriers étaient camerounais. Les investisseurs français font généralement travailler les locaux, alors que les Chinois préfèrent, eux, employer leurs compatriotes* », témoigne un proche du dossier. Vivendi refuse de nous donner le coût de construction de la salle, que l'on peut toutefois estimer à plusieurs centaines de milliers d'euros.

Si l'ouverture du premier Canal Olympia a été retardée de quelques mois, ce n'est donc pas à cause de la maîtrise d'œuvre mais… du rectorat de l'université. De longues discussions, pour ne pas dire négociations, ont réuni à plusieurs reprises les équipes de Vivendi d'un côté et celle de Yaoundé 1 de l'autre. « *Ce projet nous a été imposé d'en haut*, confie le professeur Louis-Martin Onguéné Essono. *Mais en échange de la mise à disposition du terrain par l'université, nous avons tenu à ce que Canal Olympia ne soit pas qu'un lieu de divertissement, mais aussi de formation.* » Au final, une convention a été signée entre Vivendi et le rectorat. Il est prévu que Bolloré finance prochainement un studio de montage et d'enregistrement pour les étudiants. Une filière de critique de cinéma va également être mise en place. Des annonces qui réjouissent dans un premier temps les étudiants de la filière Arts que nous rencontrons sur le campus : « *Nous avions jusqu'alors surtout des cours théoriques, nous manquions d'une formation pratique. Il faut espérer que, grâce à Canal Olympia, nous pourrons enfin travailler sur du matériel technique moderne* », nous dit un étudiant du master Arts, spectacle et cinématographie, avant de confier à mi-voix : « *Je me méfie quand même des cadeaux.* » Une autre étudiante du master nous fait part de ses craintes : « *J'ai peur que la salle diffuse uniquement des films étrangers. Il est impératif de mettre en place un système de quotas de films camerounais. Nous avons d'excellents réalisateurs ici !* »

À l'inauguration a été diffusé le film *Bastille Day*, une coproduction franco-américaine des Studios Canal sur les attentats de Paris. On est loin de la production cinématographique locale… Au siège parisien de Vivendi, à deux pas des Champs-Élysées – où tout le projet Canal Olympia est piloté –, pas un mot ne filtre pour l'instant sur la programmation future de la salle, qui depuis l'inauguration officielle de juin n'a toujours pas démarré son activité. Le groupe nous assure seulement que les talents africains seront à l'honneur, et en particulier les jeunes musiciens du continent. Le premier télécrochet panafricain, *Island Africa Talent*, lancé fin 2014, a d'ailleurs été coproduit par Canal + et Universal Music. Et c'est ce même label discographique qui offre désormais au gagnant de l'émission *The Voice Africa* l'opportunité d'enregistrer son propre album. « *En mettant en place le réseau Canal Olympia, notre but est aussi de pouvoir organiser des tournées d'artistes que nous ferons circuler dans les différentes salles du continent* », précise Corinne Bach. Avant même les choix de programmation, la mutualisation des coûts est déjà prévue.

Autre sujet de préoccupation des étudiants de Yaoundé : les tarifs. « *Il faudrait imaginer des billets spéciaux ou des cartes pour les étudiants. Nous pourrions payer 1 000 ou 2 000 francs CFA (1,50 ou 2,50 euros) pour une séance, mais difficilement plus* », nous confie une étudiante du master Arts, spectacle et cinématographie. Comme pour la programmation, silence radio : Vivendi nous assure que rien n'est encore défini en matière de tarification.

Campus rebelles

Mais au fait, pourquoi Vincent Bolloré a-t-il souhaité implanter cette salle sur le campus de l'université ? D'autant que cet équipement ne sera pas réservé aux étudiants mais ouvert à toute la population. La raison est déjà géographique : les centres des villes africaines étant densément peuplés, les espaces disponibles pour construire un tel équipement *ex nihilo* sont de plus en plus rares. Le campus de Yaoundé avait donc l'avantage d'être situé non loin du centre et de posséder encore des terrains libres. Mais le geste peut aussi être vu comme un signal : en inaugurant son premier Canal Olympia sur un campus, Bolloré montre ostensiblement qu'il mise aujourd'hui sur la jeunesse africaine. Corinne Bach, de Vivendi, ne dit pas autre chose quand elle affirme qu'« *il y a une opportunité en Afrique pour le développement d'une classe émergente. Cette classe moyenne va avoir envie de se divertir, en allant au concert ou au cinéma* ».

En attendant cet essor, on voit sur le campus un grand nombre de vendeurs à la sauvette qui proposent beignets, cacahouètes ou recharges téléphoniques. Qui sont-ils ? « *Ce sont d'anciens étudiants qui n'ont jamais réussi à trouver un emploi à la sortie de leurs études* », nous explique une étudiante en master de communication. Selon le Bureau international du travail, plus de la moitié des jeunes Camerounais sont aujourd'hui au chômage. « *Bolloré a de la chance : les étudiants de sciences politiques et économiques, par essence les plus contestataires, ne sont pas sur ce campus mais ont cours à l'université Yaoundé 2, à l'extérieur de la ville* », pointe un programmateur culturel de Yaoundé. Rappelons qu'en 1990 la révolte sociale au Cameroun était venue des étudiants.

POUR SE DÉVELOPPER SUR LE SOL AFRICAIN, VINCENT BOLLORÉ DOIT S'ALLIER AVEC LES POUVOIRS EN PLACE.

Pour se développer sur le sol africain, Vincent Bolloré doit s'allier avec les pouvoirs en place. Des régimes très souvent autoritaires, comme au Cameroun, où Paul Biya occupe les fonctions de président depuis trente-quatre ans. La proximité institutionnelle est d'ailleurs frappante : l'université de Yaoundé 1 est située dans le quartier où se trouvent le parlement, le camp militaire, le ministère de la Défense, sans oublier l'ambassade de France.

C'est une lapalissade de dire que le groupe Bolloré est aujourd'hui omniprésent au Cameroun. Une situation quasi monopolistique dans certains secteurs, depuis le contrôle des ports de Douala et de Kribi jusqu'à la gestion des lignes de trains, sans oublier la participation dans Socfin (dont Bolloré est actionnaire à 38,75 %), une entreprise que les ONG accusent de contribuer à la déforestation du pays, et dont la branche Socapalm, spécialisée dans l'huile de palme, est pointée du doigt pour ses conditions de travail. Sur France 2, l'émission *Complément d'enquête* a récemment révélé que des travailleurs mineurs étaient employés sur ses plantations. À l'occasion de la rediffusion de l'émission en juillet, Bolloré a assigné la chaîne en justice pour « *atteinte aux intérêts commerciaux* », réclamant la somme colossale de 50 millions d'euros de dédommagement.

Havas : le bras armé

La force de Bolloré sur le sol africain ne serait enfin rien sans son bras armé en matière de communication : Havas. En avril dernier, le siège parisien du groupe Bolloré Africa Logistics a été perquisitionné par l'Office central de lutte contre la corruption et les infractions financières et fiscales. Le groupe est soupçonné d'avoir profité du fait qu'Havas conseillait des politiques africains avant les élections pour ensuite obtenir, une fois ces derniers élus, des concessions portuaires. L'enquête porte sur les ports de Lomé et de Conakry. « Un pirate », c'est le terme employé par François Hollande pour qualifier Vincent Bolloré (dans *Conversations privées avec le président*, Albin Michel). Et la culture n'est pas loin : dans la capitale guinéenne, Vivendi a organisé un grand concert en plein air en septembre 2015 (pour un budget de plus de 100 000 euros), en présence du président Alpha Condé… un mois avant sa réélection au premier tour. Mais au Cameroun d'autres affaires embarrassent le groupe : le meurtre, encore non élucidé, d'Ella Tatiana Ngo Nhiomog, la coordinatrice d'Havas Media Cameroun, en mai dernier, et surtout, fin octobre, la catastrophe ferroviaire d'Eseka, qui a coûté la vie à soixante-dix-neuf passagers du train Yaoundé-Douala appartenant à la société Camrail, filiale de Bolloré.

C'est donc dans ce contexte sous tension que naît le projet Canal Olympia. Relayant la communication institutionnelle, une partie de la presse camerounaise décrit la salle comme un partenariat public-privé, en raison de la mise à disposition du terrain par l'université. Mais en réalité, à l'instar des bus électriques du campus, la salle ne serait-elle pas un simple retour d'ascenseur ? Bolloré offre au Cameroun un équipement culturel que les pouvoirs publics n'auraient sans doute jamais financé. Interrogé par nos soins sur le projet Canal Olympia, lors d'un point presse à l'occasion de la fête de la musique, Narcisse Mouelle Kombi, le ministre de la Culture du Cameroun, a refusé de répondre à toute question sur le sujet.

« *C'est une manière pour Bolloré de redorer son blason dans le pays* », nous dit sous couvert d'anonymat un programmateur culturel de Yaoundé. Pour le cinéaste Jean-Pierre Bekolo, qui a notamment réalisé le film *Le Président*, « *la construction de Canal Olympia est une décision purement politique. Pour moi, il n'y a pas de modèle économique compréhensible. La salle est située sur le campus de l'université, qui est une enclave dans la ville. Ce n'est pas un lieu de divertissement! Cela m'étonnerait que le public s'y rende en masse le soir; d'autant que, pour des raisons de sécurité, les habitants restent généralement dans leurs quartiers. Ce projet risque au final d'être contre-productif en termes de communication pour Bolloré*».

Contrer les Chinois

Le milliardaire breton n'est pas le seul à faire des cadeaux aux Camerounais. Les Chinois, également très implantés dans le pays (projets hydroélectriques, agriculture...), ont construit le Palais des congrès de Yaoundé. Et, à l'échelle du continent, la « Chinafrique » mise de plus en plus sur la culture. En Algérie, le nouvel opéra d'Alger, inauguré en juillet, a été entièrement financé par Pékin. Un cadeau de 30 millions d'euros au président Abdelaziz Bouteflika, qui, en raison de son état de santé, n'assistera sans doute jamais à une seule représentation. En attendant, la Chine occupe en Algérie la place de premier partenaire commercial... Mais il y a une différence majeure entre les cadeaux culturels des Chinois et ceux de Bolloré : tandis que les Chinois se limitent à financer la construction et donnent ensuite les clés aux Africains (comme ils l'ont aussi récemment fait avec le Musée des civilisations de Dakar), Bolloré assure l'intégralité du projet, de la construction au fonctionnement.

LE MILLIARDAIRE BRETON N'EST PAS LE SEUL À FAIRE DES CADEAUX AUX CAMEROUNAIS.

À Yaoundé, les artistes regardent avec méfiance cette ingérence sur le terrain culturel. Jean-Pierre Bekolo parle de « *modèle colonial dans la transmission des savoirs. On profite de la jeunesse, en l'aliénant avec des films de divertissement* ». Un représentant d'une structure culturelle étrangère, en poste à Yaoundé, n'a pas digéré le discours de Vincent Bolloré, qui, à l'inauguration de Canal Olympia, a parlé de « notre » voisin le Nigeria. « *Comme si Bolloré était camerounais!* » remarque-t-il, atterré... On peut aussi y voir sur le plan culturel un comportement de missionnaire, ce qui n'a rien d'étonnant de la part du fervent catholique qu'est Vincent Bolloré. Les musiciens camerounais, eux, pointent surtout d'autres priorités : « *Nos musiciens sont pour la plupart autodidactes, ils jouent sans savoir lire la musique,* rappelle le saxophoniste Jean Didier Evina. *Nous avons besoin d'un conservatoire à Yaoundé.* » Rencontré sur les hauteurs du quartier de Mimboman, un entrepreneur culturel de la capitale camerounaise, Ondoa Marcel, se réjouit, lui, de l'arrivée d'une nouvelle salle mais regrette que le Cameroun n'en soit pas à l'origine : « *La vérité est brutale : que font nos dirigeants ? Notre État ? Les hommes d'affaires camerounais ? Nous avons des gens qui ont plusieurs milliards de francs CFA, ils pourraient aussi les investir dans une salle de spectacle et de cinéma.* »

LES ARTISTES REGARDENT AVEC MÉFIANCE CETTE INGÉRENCE SUR LE TERRAIN CULTUREL.

Cela faisait une dizaine d'années qu'il n'y avait plus de salles de cinéma en activité à Yaoundé – une situation que l'on retrouve dans nombre de villes africaines. En déambulant dans le centre de la capitale camerounaise, on tombe encore sur les enseignes de quelques salles autrefois dédiées au septième art, comme le mythique Abbia (qui faisait également office de salle de concert) ou le Capitole. Aujourd'hui, ces établissements sont devenus des bazars tenus par des Pakistanais ou des églises… Devant l'un d'entre eux, un ancien habitué de ces salles, qui a assisté au déclin, nous explique que ces salles ont fermé « *avec le développement des chaînes de télévision. La population préfère regarder les films tranquillement à la maison* ». Parmi ces chaînes figure justement en première ligne… Canal +. N'est-il pas dès lors contradictoire de vouloir poursuivre l'expansion de cette chaîne sur le territoire africain tout en ouvrant des Canal Olympia ? « *Ce n'est pas la même chronologie de sorties. D'autant que nous allons régulièrement proposer des avant-premières de films* », répond Corinne Bach. Mais si les cinémas camerounais ont dû fermer leurs portes, c'est également pour d'autres raisons économiques : « *L'imposition des salles était devenue trop importante et les droits pour diffuser les films étrangers atteignaient des montants que les cinémas camerounais ne pouvaient plus payer* », précise Ondoa Marcel.

Blockbusters et éducation

En plein centre-ville, l'Institut français de Yaoundé possède un auditorium où sont régulièrement projetés des films. Stéphane Leclerc, son directeur, nous explique que « *pour inciter les Camerounais à revenir voir des films en salle, il est nécessaire de programmer des titres à succès, des blockbusters. Notre démarche participe à l'éducation. Et c'est aussi une question économique : nous avons investi 150 000 euros pour ces équipements dans les instituts de Yaoundé et de Douala, nous devons donc maintenant les amortir* ». C'est ainsi que l'on pouvait voir cet été *X-Men* ou *Tarzan*… Quelque peu étonnant dans une représentation de la diplomatie culturelle française ! Quand on feuillette la brochure de l'Institut, on tombe sur une publicité d'une pleine page de Canal +. Quelles sont les relations entre les services de Bolloré et l'Institut français ? « *Nous avons un partenariat avec Canal + qui est antérieur à l'arrivée de Canal Olympia. Nous sommes dans une certaine proximité, mais rien n'est encore décidé pour l'accompagnement de cette nouvelle salle. Nous espérons en tout cas pouvoir trouver des arrangements afin d'accéder pour nos Instituts au catalogue des films Studio Canal* », glisse Stéphane Leclerc. Du côté de Vivendi, quand on s'enquiert des liens entre le groupe et la diplomatie culturelle, Corinne Bach nous répond simplement que « *les Canal Olympia ne seront pas des salles pour expatriés* ».

Au moment où les Instituts français sont confrontés à de graves problèmes de financement (les crédits de l'État destinés à la diplomatie culturelle ont baissé de près de 4 % entre 2015 et 2016), les Canal Olympia pourraient donc prendre le relais sur le sol africain. Mais là où les représentations diplomatiques essayent – même avec de maigres moyens et des connivences artistiques parfois contestables – de trouver un compromis entre les attentes du public et une démarche de démocratisation, les salles de Bolloré s'inscrivent dans un projet d'industrie culturelle et de divertissement. L'homme d'affaires entend en tout cas aller vite au Cameroun : il a déjà dans les cartons le projet d'un Canal Olympia à Douala, la capitale économique du pays. Un tel tempo a son explication politique. Le Cameroun craint la mort prochaine de Paul Biya, qui risquerait d'engendrer une période d'instabilité dans un pays composé de centaines d'ethnies. Vincent Bolloré perdrait alors un fidèle allié. Après le Cameroun, le prochain Canal Olympia devrait ouvrir à Conakry, la capitale de la Guinée, où le président Alpha Condé n'a encore que soixante-dix-neuf ans.

ARIR

LES « PIXELS VIVANTS »

PHILIPPE

Par Damien Sausset

Arirang est un spectacle de masse dont la Corée du Nord s'est fait une spécialité. Il a lieu dans le stade du 1er-Mai, et rassemble plusieurs milliers de gymnastes qui effectuent de manière coordonnée des figures, souvent complexes, sur un accompagnement musical. Surtout, chacun de ces spectacles est accompagné, en arrière-plan, de la présentation d'images de propagande. Ces images fascinent car elles résultent de l'action conjointe de milliers de figurants qui, selon un décompte précis, ouvrent devant eux de vastes plages de couleurs reliées comme les pages d'un livre. L'ensemble de ces milliers de cartons, comparables à des pixels, forme au final une image de propagande accompagnant le spectacle des gymnastes. Il semble que cette tradition soit née dans les années 1960. Mais, depuis peu, ces spectacles ont atteint un degré de sophistication sans équivalent dans le monde. Ils ont lieu chaque année, généralement durant la période estivale, mais peuvent être annulés à la dernière minute. Les représentations s'étalent sur deux semaines.

La synchronisation entre les milliers de gymnastes danseurs et figurants, les « pixels vivants » de l'arrière-plan, la musique et les effets pyrotechniques est hallucinante. Vous avez face à vous 180 minutes de spectacle complet, sans temps mort, sans pose. La fluidité est remarquable ; l'exécution parfaite ; la perfection semble atteinte. Quant au public – près de 120 000 personnes –, il adhère avec vénération aux différents tableaux. L'histoire reste toujours un peu la même. Tout débute avec l'apparition de la Corée aux temps anciens. Mouvements et images proposent alors une vision traditionnelle et finalement assez symbolique de la Corée avec

R A N G

DE CORÉE DU NORD

CHANCEL

ses légendes. Ces mythes fondateurs dévoilés, le spectacle bascule immédiatement dans un registre bien plus politique avec l'apparition et l'avènement du leader bien aimé kim il-sung. Il faut savoir qu'en Corée du Nord, nous sommes aujourd'hui seulement en l'an 105 du juché. Le monde a commencé avec sa naissance et sa présidence, décrétée éternelle à sa mort en 1994, se poursuivra jusqu'à la fin des temps, qui verront la victoire du communisme. La suite du spectacle est donc à l'aune de ces préceptes. Défilent plus ou moins rapidement des armées de paysans victorieux, de travailleurs épanouis dans la réalisation du communisme. Une énorme place est laissée aussi à l'enfant, à son image, à sa capacité à poursuivre le rêve et le combat de ses aînés. Petit à petit, les gymnastes réalisent des figures de plus en plus complexes, de plus en plus acrobatiques, construisant des tours, des ensembles précaires, figurant soudain une fleur, une armée en marche... De vrais parachutistes tombent de la voûte. Un gigantesque drapeau se déploie lentement. La fin est une apothéose ou apparaissent un planisphère gigantesque et la péninsule coréenne, restituée par des milliers de danseuses qui font corps. La Corée du Nord y est au centre, en rouge.

Depuis plus de vingt ans, Philippe Chancel poursuit une expérience photographique dans le champ complexe, mouvant et fécond, entre art, documentaire et journalisme. Son travail a été montré dans de nombreuses expositions, aux Rencontres d'Arles, au C/O Berlin, au Centre Pompidou ou à la Biennale de Venise. Il a également fait l'objet de nombreuses publications, parmi lesquelles *DPRK* (Thames & Hudson, 2006), *Dubaï* (Be-pôles, 2008), et *Desert Spirit* (Xavier Barral, 2010).

LES CROISADES DE CAROLINE FOUREST

La trajectoire dévoyée d'une propagandiste de « gauche »

PAR **MATHIEU MAGNAUDEIX**

Caroline Fourest semble avoir fait une – toute relative – cure médiatique pour se reconvertir en éminence grise et visiteuse du soir de la gauche au pouvoir. On dit ainsi qu'elle a l'oreille de Valls, et même celle de Hollande. Que de chemin parcouru depuis le temps où, jeune militante pour les droits homosexuels à la fin des années 1990, elle se réclamait de l'antiracisme. Elle s'est, depuis, muée en furie d'une laïcité ultra-républicaine parfois utilisée pour banaliser la stigmatisation des musulmans. Mais cette trajectoire est moins un cheminement personnel que le reflet d'une dérive : celle d'une gauche hagarde pour qui la « République » tient lieu depuis quinze ans de question sociale. C'est la raison pour laquelle, malgré ses propos confus, parfois mensongers ou son agressivité en bandoulière, elle est restée, du *Monde* à *Marianne* en passant par France Culture, indéboulonnable, vigie anxieuse d'une France sous « menace islamiste ».

Caroline Fourest est parmi les siens. Le 6 décembre 2016, dans la salle du groupe socialiste de l'Assemblée nationale, le député socialiste Jean Glavany organise ses Rencontres annuelles de la laïcité – en 2015, Latifa Ibn Ziaten, mère d'un des militaires tués par Mohamed Merah à Toulouse, y avait été « huée » et « agressée »[1] parce qu'elle portait le voile. L'animateur de la journée, Gilles Clavreul, délégué interministériel à la lutte contre le racisme et l'antisémitisme (Dilcra), un proche de Manuel Valls, est un ami. Au Parti socialiste, C. Fourest est une figure connue : invitée régulière des universités d'été, on la croise dans des conférences de presse, des meetings ou dans ce type de session à huis-clos destinée à préparer le programme du parti pour 2017. Elle n'est pas toujours tendre avec le PS, peut y être contestée, mais elle fait partie des meubles. Elle est proche d'anciens de SOS-Racisme, a encouragé avec bienveillance l'émergence de mouvements comme Ni Putes ni soumises ou Osez le féminisme, biberonnés dans la galaxie socialiste.

Ceux qui ne l'aiment pas assurent qu'elle sert de boussole laïque déréglée à un parti qui ne pense plus. Ceux qui l'apprécient, comme le député PS de Paris David Assouline, louent son « *courage* ». Selon l'Élysée, elle a une « *relation directe* » avec François Hollande. Mais son réseau proche au sein du PS est surtout vallsiste. Elle connaît l'ancien Premier ministre depuis longtemps. Après les attentats, C. Fourest a été vue de temps en temps dans les couloirs de Matignon. Serait-elle son cerveau ? De très proches de M. Valls nuancent : Valls, disent-ils, consulte tous azimuts et l'académicien (fort peu socialiste) Alain Finkielkraut est plus influent qu'elle. Ils se décrivent en tout cas tous les deux en vigies d'une laïcité attaquée, se voient en porte-drapeau de la lutte contre l'extrême droite et bataillent contre une partie de la gauche. Comme C. Fourest l'a rappelé, quand Manuel Valls parle de « *deux gauches irréconciliables* », c'est moins pour parler d'économie que de « *ceux qui font des meetings avec Tariq Ramadan* »[2], l'intellectuel suisse contesté que C. Fourest caricature en cheval de Troie de « *l'islam politique fondamentaliste des Frères musulmans* » en Europe.

« Gauche contre gauche »

Cette « ligne de fracture » politique, Caroline Fourest l'a théorisée il y a plus de douze ans. Dans un texte intitulé « Gauche contre gauche », paru dans sa revue *ProChoix*, elle fustigeait « *une gauche antiraciste qui devient antiblasphème grâce au mot* "*islamophobe*" », et ces « *féministes qui deviennent pro-voile et traitent les autres féministes de* "*racistes*" »[3]. Un an plus tard, elle appelait même au combat : « *Une autre gauche est encore possible, mais elle ne pourra survivre sans un affrontement idéologique fratricide avec la gauche confuse et sa tentation obscurantiste*[4]. » Comme elle, Manuel Valls aime à fustiger la constellation des « islamo-gauchistes ». Cette expression, qui a fait florès à droite et à l'extrême droite, a été élaborée au début des années 2000 par Pierre-André Taguieff dans son livre *La Nouvelle Judéophobie*[5]. Cet historien des idées est décrit par Fiametta Venner, compagne et co-auteure de C. Fourest, comme un de ses « *inspirateurs* »[6].

« *SUR LA LAÏCITÉ, ELLE A FOURESTISÉ VALLS* », DÉPLORE UN INTELLECTUEL QUI FRÉQUENTE L'ANCIEN PREMIER MINISTRE.

« *Sur la laïcité, elle a fourestisé Valls* », déplore un intellectuel qui fréquente l'ancien Premier ministre. De son côté, Malek Boutih, député socialiste de l'Essonne et ancien président de SOS-Racisme, n'a pas de mots assez élogieux pour C. Fourest : « *Elle a les mains dans le cambouis. Elle combat les Tartuffe qui sont toujours dans la nuance et ne jouent jamais franc-jeu, cette société molle, confortable, qui dit* "*pas d'amalgames*" *et a laissé pénétrer les idées réactionnaires au cœur de la gauche française. Elle mène une bataille centrale : on ne peut pas être de gauche et antilaïque.* » Il s'étonne du « *degré de haine qu'elle suscite* » : « *On dirait que c'est la sorcière de Salem qu'il faut brûler.* »

Tenter un portrait intellectuel de Caroline Fourest, c'est s'aventurer sur des pentes glissantes. La littérature la concernant est abondante, mais parfois sexiste et fielleuse. C. Fourest est une femme, et une féministe. L'ancienne présidente du Centre gay et lesbien de Paris, qui enquêta à la fin des années 1990 pour *Têtu* sur les réseaux de l'extrême droite catholique et milita en faveur du Pacs n'a par ailleurs jamais caché son homosexualité. Pour toutes ces raisons, le Front national, les partisans d'Alain Soral, comme les catholiques intégristes de Civitas la haïssent – elle et des Femen furent frappées en 2013, en marge d'une manifestation contre le mariage des couples de même sexe. Pour toutes ces raisons, beaucoup de féministes, de militants LGBT ou de sympathisants de gauche la considèrent comme une référence.

C. Fourest, c'est aussi, bien sûr, une ancienne de *Charlie Hebdo*. Pendant l'affaire des caricatures de Mahomet, en 2006, elle est en première ligne, défendant aux côtés du directeur de la publication Philippe Val la « une » de l'hebdomadaire sur laquelle un Mahomet « *débordé par les intégristes* » se plaint d'être « *aimé par des cons* ». Ce dessin et deux des douze caricatures de Mahomet[7] vaudront au journal un procès (gagné) intenté par des associations musulmanes à cause de « *leur caractère raciste*[8] ». C. Fourest quitte *Charlie* en 2009, après le départ de P. Val à la direction de France Inter. Elle et F. Venner disent s'y sentir « à l'étroit », ne plus apprécier la « *tradition "bête et méchante" qui refait surface à* Charlie »[9]. C. Fourest se serait bien vue prendre la succession de P. Val, mais la rédaction n'y a même pas songé et s'est tournée naturellement vers le dessinateur Charb – une des victimes de l'attentat de janvier 2015. Dans *Éloge du blasphème*, paru après la tuerie de *Charlie Hebdo*, C. Fourest revient sur cette affaire des caricatures. *Charlie Hebdo*, écrit-elle, « *est animé par des athées, dont certains de culture musulmane, qui ont en commun de vouloir désacraliser tous les symboles* » religieux. La publication des caricatures était pour elle un acte d'« *égalité* » et non d'« *humiliation* », qui l'a contrainte à vivre sous protection policière.

CAROLINE FOUREST SE SERAIT BIEN VUE PRENDRE LA SUCCESSION DE VAL À LA TÊTE DE *CHARLIE HEBDO*, MAIS LA RÉDACTION N'Y A MÊME PAS SONGÉ.

« Jeanne d'Arc »

Au cours de la dernière décennie, Caroline Fourest a réalisé des documentaires pour France Télévisions, Arte ou La Chaîne parlementaire. Elle a tenu chronique au *Monde*, à France Inter et, jusqu'à cet été, à France Culture. Dans ses tribunes, elle parle de l'actualité, d'Europe, de mondialisation, de la société, de Nuit Debout, de féminisme ou des religions. Mais ce ne sont pas ces textes-là, guère mémorables, qui l'ont rendue célèbre. C. Fourest s'est fait connaître en 2004 avec la publication de *Frère Tariq*, une enquête où elle dépeint le prédicateur Tariq Ramadan en « *stratège intégriste* », « *spécialiste du double langage* », qui pratique la « *dissimulation* »[10]. Depuis, elle porte le flambeau de la lutte contre les « *intégristes* », les « *rouges-bruns* » et leurs « *idiots utiles* ». Elle est devenue une polémiste, adepte du « clash » vu à la télé, pour parler en priorité d'intégrisme, surtout musulman. Elle tient depuis cet été une chronique pour *Marianne*, hebdomadaire qui fait de la laïcité un « *combat français* », fustige le « *communautarisme* » et, lui aussi, les « *islamo-gauchistes* »[11].

« *Pour le pôle laïque de la gauche radicale, elle reste une référence* », estime l'universitaire Philippe Corcuff, qui l'a croisée à *Charlie Hebdo* au début des années 2000. Du Parti de gauche (PG) de Jean-Luc Mélenchon aux cercles altermondialistes jusqu'à Lutte ouvrière, son féminisme, son combat antiraciste et son soutien à la liberté d'expression des intellectuels menacés lui donnent de l'écho. « *Il y a dans notre société un retour de la religion dans l'espace public qui est fatigant*, dit l'ancienne coprésidente du PG, Martine Billard. *Des voix comme elle sont utiles* ». Élevée dans une famille très à droite d'Aix-en-Provence – mère antiquaire, père négociant en vins –, Caroline Fourest-Guillemot a fait ses études dans une école privée. « *Il y avait une église au milieu de la cour et, en cas de manifestation, les grilles étaient fermées pour pas qu'on soit perverties* » a-t-elle raconté au *Monde*[12]. « Jeanne d'Arc » républicaine – l'expression est employée par plusieurs des trente interlocuteurs interrogés pour cet article –, elle revendique l'héritage des Lumières, vante le rationalisme et le modèle français « *de laïcité, jacobin et intégrateur* », qu'elle oppose au modèle « *anglo-saxon* ». « *D'après l'approche anglo-saxonne*, écrit-elle, *l'égalité consiste à respecter tous les totems et tous les tabous de chaque communauté pour qu'elles coexistent sans conflit. L'approche laïque à la française croit au droit de les briser tous*[13]. » En réalité, elle défend une conception maximaliste de la laïcité, instaurée en 1905 avec la loi de séparation des Églises et de l'État. « *Elle entretient un rapport quasi religieux à la laïcité, dont elle s'érige en grande prêtresse*, analyse l'historien de la laïcité Jean Baubérot, qui fait partie de ses bêtes noires. *Pour Valls, pour elle et une partie de la gauche, tout ce qui – en matière religieuse – va vers un certain "fondamentalisme" constitue une étape vers un extrémisme violent. Donc, tout dialogue ou contact avec des personnes considérées comme "proches" de ce fondamentaliste, fait soit preuve de faiblesse, soit de complicité envers cet extrémisme, en affaiblissant, en trahissant, le camp des laïcs. On trouve là la recherche d'une pureté laïque analogue à la quête d'une pureté religieuse de certains croyants…* »

« ELLE ENTRETIENT UN RAPPORT QUASI RELIGIEUX À LA LAÏCITÉ, DONT ELLE S'ÉRIGE EN GRANDE PRÊTRESSE » – JEAN BAUBÉROT.

« Islamophobie vertueuse »

Adulée par certains, elle est vilipendée par d'autres, qui voient en elle une des figures médiatiques ayant le plus contribué à la légitimation d'un discours stigmatisant les musulmans, en particulier depuis le 11 septembre 2001. « *Caroline Fourest est représentative d'une évolution d'une partie de la gauche et de l'extrême gauche qui est devenue tellement obsédée par l'islam qu'elle a perdu de vue la question sociale et s'est aveuglée sur un certain racisme inconscient en son sein,* déplore Mona Chollet, journaliste au *Monde diplomatique* et ancienne de *Charlie Hebdo. Elle n'est pas la seule, bien sûr, mais elle fait partie de ceux qui ont banalisé l'islamophobie et en ont fait quelque chose de vertueux.* »

En 2004, le journaliste Claude Askolovitch, alors au *Nouvel Observateur*, avait consacré un portrait élogieux à C. Fourest et F. Venner, ce couple de « *combattantes* » qui « *se saoulent au Nutella, se gavent de télé et d'Internet, s'aèrent les méninges à la Playstation* » et veulent « *combattre tous les fascismes à la fois* »[14]. Aujourd'hui, C. Askolovitch renie cet article « *paresseux* ». « *Je les trouvais plutôt marrantes il y a quinze ans,* dit-il. *Mais, depuis* Tirs croisés [paru en 2003], *je n'ai jamais été capable de lire un seul de leurs bouquins. C. Fourest est un épiphénomène dans un paysage plus large : la défense des juifs et des homos a été instrumentalisée pour encercler les musulmans.* » Même à gauche, dit-il, où « *l'islamophobie est devenu un cadre structurant dans les années 2000* ». Comprendre la trajectoire intellectuelle de C. Fourest, y compris la rage qui l'anime, c'est se replonger dans quinze ans de déchirements violents au sein de la gauche comme de la société française autour de l'islam et des musulmans. Pour saisir les racines de la zizanie, il faut repartir près de vingt ans en arrière.

« *Il y a chez elle un tournant au début des années 2000. Auparavant, elle était une figure minoritaire et mineure. Elle devient alors majoritaire et majeure. Il y a évidemment un rapport avec ce qu'elle dit. Son décollage social a coïncidé avec une réorientation de ses thématiques. Certes, elle ne parle pas que d'islam, mais c'est ce que son public retient.* » Celui qui parle s'appelle Éric Fassin. Il a rencontré C. Fourest il y a bien longtemps, en 1998. Éric Fassin, aujourd'hui professeur de sociologie à Paris-8, internationalement reconnu, est alors un spécialiste des études de genre et des minorités qui commence à avoir une petite réputation. C. Fourest, elle, est toute jeune, vingt-deux ans à peine. Mais elle milite comme lui pour l'instauration d'un contrat social pour les couples de même sexe – ce sera le Pacte civil de solidarité, voté l'année suivante dans une ambiance électrique. Éric Fassin accepte d'envoyer des textes pour sa revue. Avec F. Venner, sa compagne, chercheuse sur l'extrême droite rencontrée deux ans plus tôt alors que C. Fourest travaille pour le magazine étudiant *Transfac*, elle vient de créer *ProChoix*. Le numéro un, daté de décembre 1997, est une feuille de douze pages tirée à 2 000 exemplaires. Il s'ouvre par un manifeste de gauche radicale : « *Inventer un mouvement prochoix passionnant et qui plus est peut-être à la source d'une nouvelle gauche : ambitieuse, écologiste, égalitaire, féministe, antiraciste, antisexiste, antihomophobe. Une gauche qui n'empiète pas sur les idées de droite pour rassurer l'électorat lepéniste, une gauche à gauche, antidote à tous les provies, à toutes les extrêmes droites. Enfin !*[15] » Dans *ProChoix*, C. Fourest et F. Venner écrivent beaucoup sur les anti-IVG d'extrême droite et les « pro-life » américains.

Durban et les Twin Towers

L'été 2001 va tout changer. À quelques jours d'intervalle, deux événements s'entrechoquent.

La grande conférence mondiale contre le racisme de Durban (Afrique du Sud), débutée fin août, où certains États entreprennent d'assimiler sionisme et racisme. Et, bien sûr, le 11 Septembre. « *Putain de rentrée !* », écrit Fourest dans sa revue. Elle et F. Venner reviennent « *estomaquées* » de Durban, où elles ont vu une « *obsession antijuifs* », les « *Juifs assimilés aux nazis* »[16], « *la visible empathie de militants antiracistes français pour des ONG islamistes diffusant des tracts ouvertement antisémites sous prétexte de résister à la politique d'Israël*[17] ». Elles analysent le 11 Septembre comme « *un épisode dans la reconquête entreprise de longue date par l'islamisme, [...] une déclaration de guerre, non pas à l'administration Bush mais aux démocraties laïques du monde entier*[18] ». La guerre, déjà.

ELLE ET F. VENNER ANALYSENT LE 11 SEPTEMBRE COMME « *UNE DÉCLARATION DE GUERRE, NON PAS À L'ADMINISTRATION BUSH MAIS AUX DÉMOCRATIES LAÏQUES DU MONDE ENTIER* ».

Tirs Croisés, leur premier livre – c'est C. Fourest qui signe, mais leurs ouvrages sont généralement écrits à deux –, traite de tous les intégrismes, catholique, juif et musulman. À plusieurs reprises, elles signalent toutefois le « *surcroît de dangerosité de l'islamisme* ». « *L'islamisme occupe effectivement la pôle position chez les intégristes. Il est actuellement le mieux placé pour exercer ses diktats et terroriser ceux qui lui résistent* », écrivent-elles, avec ce ton martial et ces locutions angoissées qui caractérisent leur prose. « *Je ne hiérarchise pas, je ne classifie pas. L'ennemi, c'est l'intégrisme, l'instrumentalisation du politique à des fins liberticides, antirépublicaines et antilaïques*, dit-elle encore en décembre 2016 à l'Assemblée nationale. *Mais l'intégrisme le plus violent c'est bien celui qui se revendique de l'islam. [...] C'est un projet totalitaire. Il joue de nos failles, de nos envies d'être tolérants au nom de la diversité et du multiculturalisme.* »

En 2003, la loi sur les signes religieux ostensibles à l'école – mais c'est bien du voile musulman dont il est alors question – marque une autre rupture. *ProChoix* implose. Éric Fassin et l'anthropologue Françoise Gaspard, membres du comité éditorial, ou le collaborateur de la revue Pierre Tevanian refusent cette « *loi d'exception* ». « *C'était évident qu'on était du même côté, et soudain, il devient évident qu'on ne l'est plus* », se rappelle Éric Fassin. « *Accepter le port du voile n'est pas respecter l'islam mais soutenir une lecture particulièrement sexiste et intégriste du Coran*, écrit C. Fourest. *Soutenir le port du voile n'a rien de tolérant... C'est, au contraire, faire preuve d'un relativisme culturel coupable*[19]. » Le jugement est sans appel. Depuis, elle n'a pas varié. Pour C. Fourest, une femme voilée est une militante politique. Le voile « *s'inscrit dans une reconquête politique qui défie le processus de libération des mœurs en proposant le sexisme comme réponse à la convoitise* », écrit-elle en 2009[20]. « *Une personne souhaitant sincèrement tenir compte des autres et du vivre-ensemble ne peut ignorer les résonances implicites du voile dans l'espace public. [...] Porter le voile quand on est né dans un pays laïc est un choix plus régressif et réactionnaire que de le porter dans un pays musulman.* » Qu'il puisse être porté pour des raisons fort diverses et parfois déconnectées de la religion n'est pas la question. Dans son dernier livre, *Génie de la laïcité* (évidente allusion au *Génie du christianisme* de Chateaubriand), paru en octobre 2016, C. Fourest voit avec inquiétude s'approcher le jour où « *une députée, censée représenter tous les Français, voudra siéger en voile à l'Assemblée*[21] ».

CAROLINE FOUREST VOIT AVEC INQUIÉTUDE S'APPROCHER LE JOUR OÙ « *UNE DÉPUTÉE, CENSÉE REPRÉSENTER TOUS LES FRANÇAIS, VOUDRA SIÉGER EN VOILE À L'ASSEMBLÉE* ».

L'« islamophobie », « arme liberticide »

L'épisode traumatique de la loi sur le voile fait imploser le féminisme français et crée de nouvelles polarisations dans l'espace public. « *D'un côté les figures "historiques", souvent peu connues du grand public, [...] accusées d'avoir privilégié, en défendant les jeunes filles voilées, le combat antiraciste au détriment de la cause des femmes*, racontent les journalistes Stéphanie Marteau et Pascale Tournier dans *Black Blanc Beur*, livre paru après les émeutes de 2005 dans les quartiers populaires[22]. *En face d'elles, les nouvelles féministes qui, à l'inverse, se sont mobilisées pour l'exclusion des adolescentes voilées de l'école : Ni Putes ni soumises*, Pro-Choix, *la Ligue du droit des femmes* » et « *de puissants leaders* » d'opinion, comme le mensuel féminin *Elle* ou la philosophe Élisabeth Badinter.

Le 26 février 2005, Caroline Fourest et Fiammetta Venner, mais aussi François Hollande (alors premier secrétaire du PS), Dominique Strauss-Kahn et Anne Sinclair, le fondateur de SOS-Racisme Julien Dray, Aurélie Filippetti ou Fadela Amara, fondatrice de Ni Putes ni soumises (et future secrétaire d'État de Nicolas Sarkozy) signent avec des associations un « manifeste pour un nouveau combat féministe ». « *Le caractère universel des droits de l'homme est récupéré et vidé de son sens pour en faire un instrument de promotion des particularismes et bien souvent des pratiques archaïques* », écrivent les signataires. Commentaire cinglant des auteures de *Black Blanc Beur* : « *C'est donc avec bonne conscience que les nouvelles féministes, frappées de réminiscence coloniale, peuvent attaquer l'islam en y voyant une religion hostile au sexe faible. Comme les émissaires de la IIIe République, elles veulent sauver les femmes arabes – contre leur gré si nécessaire –, qu'elles pensent prisonnières des hommes musulmans. Héritières des Lumières, représentantes de l'Occident éclairé qui veut encore croire en sa toute-puissance, porteuse de valeurs mythiques, elles font rimer émancipation avec occidentalisation.* »

La bataille contre l'intégrisme musulman se double très vite d'un autre combat, sémantique, mais que C. Fourest et F. Venner jugent crucial : le refus du mot « islamophobie » –

terme du dictionnaire qui désigne la façon dont les musulmans peuvent être vus avec méfiance, stigmatisés, essentialisés, victimes de racisme. C. Fourest l'a toujours écrit avec des guillemets et lui préfère le terme « *racisme antimusulman* ». « *Le concept d'"islamophobie" est devenu une arme liberticide entre les mains des militants antiracistes* », affirme-t-elle dès *Tirs Croisés*. D'après elle, le terme, « *l'une des armes les plus redoutables inventées pour neutraliser toute mise en cause laïque de la religion* », est utilisé à dessein par les intégristes « *pour déligitimer les prises de position de femmes osant se révolter contre les décisions sexistes prises au nom se l'islam* ». « *Le mot "islamophobie" a une histoire, qu'il vaut mieux connaître avant de l'utiliser à la légère*, écrit-elle[23]. *Il a pour la première fois été utilisé en 1979 par les mollahs iraniens, qui souhaitaient faire passer les femmes qui refusaient de porter le voile pour de "mauvaises musulmanes" en les accusant d'être "islamophobes". Il a été réactivé au lendemain de l'affaire Rushdie, par des associations islamistes londoniennes.* »

Cette thèse, C. Fourest et d'autres la martèlent depuis plus d'une décennie. Le chercheur du CNRS Marwan Mohammed et le sociologue Abdellali Hajjat ont démontré en 2013 qu'elle était erronée[24]. « *Cette notion date du début du XXe siècle et provient d'un groupe d'"administrateurs-ethnologues" français spécialistes de l'islam ouest-africain,* rappelle M. Mohammed[25]. *Dès 1910, ils s'inquiètent de cette "islamophobie", car l'administration coloniale affiche une ignorante hostilité à l'encontre des musulmans et de leur religion, ce qui risque de fragiliser la domination française* ». La thèse des mollahs a été si popularisée que le mot « islamophobie », utilisé sans soulever de polémique partout dans le monde, provoque toujours des poussées d'urticaire ou des montées d'angoisse dans une partie de l'élite française. Manuel Valls ne l'a jamais utilisé à Matignon et François Hollande s'y est peu risqué. Il semble devenu piégé, comme si l'utiliser trahissait une naïveté ou des intentions cachées…

LA THÈSE [FAUSSE] DES MOLLAHS A ÉTÉ SI POPULARISÉE QUE LE MOT « ISLAMOPHOBIE » PROVOQUE TOUJOURS DES POUSSÉES D'URTICAIRE DANS UNE PARTIE DE L'ÉLITE FRANÇAISE.

Au milieu des années 2000, les piliers de la « pensée Fourest » sont bien établis : lutte contre l'« islam politique » en France et dans le monde, défense de la laïcité menacée et de l'universalisme, refus d'une « islamophobie » faite pour désarmer la critique de la religion. Ils vont se déployer jusqu'à aujourd'hui dans des livres, la plupart publiés chez Grasset, où elle bénéficie de la bienveillance de l'essayiste-star Bernard-Henri Lévy… C. Fourest, qui entend mener un « combat transversal », a continué de travailler sur l'extrême droite. Mais elle s'est surtout spécialisée dans les essais au ton prophétique, qui se caractérisent par leurs généralisations souvent hâtives et par leur noirceur alarmiste.

Ses adversaires et leurs « idiots utiles »

Son dernier opus, *Génie de la laïcité*, débute par des phrases fort anxiogènes : la guerre, encore. « *Le totalitarisme qui menace le siècle se réclame de Dieu, à tout bout de champ. Sous le drapeau vert-brun de l'islamisme, il tempête, viole, esclavagise, décapite et tue aveuglément.* » « *Nous sommes en deuil perpétuel. Nos réseaux sociaux ressemblent à des cimetières, notre vie virtuelle à une longue procession mortuaire.* » Elle poursuit : « *L'angoisse collective demeure. [...] Daech a de quoi financer le recrutement et l'entretien d'une armée de tueurs pendant des années.* » Nous voilà prévenus : « *La guerre pourrait ne jamais finir.* » « *La revanche intégriste est bien en marche. [...] Au rythme où frappent les attentats, ce sera la laïcité ou le fascisme.* »

Toute bataille implique évidemment des adversaires. Dans ses livres, C. Fourest en dresse méthodiquement les listes. Son adversaire préféré est Tariq Ramadan. Il figure dans quasiment tous ses livres, *deus ex machina* sans cesse convoqué quand il s'agit de matérialiser le danger intégriste. Il faut dire que C. Fourest lui doit beaucoup. Vendu à 20 000 exemplaires, réédition en poche comprise, son livre *Frère Tariq* a assuré sa notoriété médiatique. À l'époque de sa publication, en 2004, le prédicateur suisse fait de plus en plus parler de lui. Il est populaire et influent auprès d'une deuxième génération de Français de culture musulmane qui ne veulent plus raser les murs comme l'avaient fait leurs parents. Sa participation au Forum social européen de Saint-Denis, en 2003, vient de susciter la polémique.

SON ADVERSAIRE PRÉFÉRÉ EST TARIQ RAMADAN, *DEUS EX MACHINA* SANS CESSE CONVOQUÉ QUAND IL S'AGIT DE MATÉRIALISER LE DANGER INTÉGRISTE.

Après avoir écouté « *une centaine de cassettes* », lu « *une quinzaine de livres, mille cinq cents pages d'interviews et d'articles parus à son sujet dans la presse* », C. Fourest conclut que T. Ramadan est « *un redoutable ambassadeur de la pensée des Frères musulmans* ». Il vise « *une révolution culturelle transnationale* » et « *il est tout à fait capable, à lui seul, d'accélérer la marche vers l'obscurité* ». Problème : le livre, qui fonctionne beaucoup par extrapolations et effets rhétoriques, n'apporte guère de preuves concrètes du « *double langage* » de T. Ramadan. Oui, l'écoute des cassettes et la lecture de ses livres font apparaître que T. Ramadan est bel et bien un religieux très conservateur qui ne s'éloigne guère du dogme. Oui, il est bien le petit-fils du fondateur de la confrérie égyptienne des Frères musulmans, Hassan El-Banna, le fils de celui qui fut un temps leur représentant exilé en Europe, et son frère est un authentique fondamentaliste. Rien dans l'ouvrage ne démontre pourtant que T. Ramadan fomente un grand dessein secret d'islamisation de l'Europe[26]. Ce dernier dénonce ainsi à sa parution « *un édifice mensonger produit par un esprit profondément malhonnête* », destiné à « *répandre la peur* ». Mais sa (sale) réputation est faite. Le livre installe une confrontation entre la jeune féministe et l'essayiste musulman

« *aux intentions troubles* ». Douze ans plus tard, T. Ramadan, professeur à Oxford qui continue de remplir les salles quand il donne des conférences en France, fait toujours figure d'infréquentable dans le débat public français.

Dans ses livres, C. Fourest s'en prend également depuis longtemps aux Indigènes de la République mais aussi aux Indivisibles de la féministe Rokhaya Diallo, qui lui ont remis en 2012 la peau de banane des « Y'a bon Awards » honorant les propos racistes de l'année – dans le jury étaient aussi présents la journaliste du *Monde* Florence Aubenas ou le comédien Jalil Lespert. C. Fourest n'a par ailleurs pas de mots assez durs contre le Collectif contre l'islamophobie en France, créé par des proches de T. Ramadan, qui recense les actes antimusulmans. Elle conteste leurs « *chiffres élevés mais faux*[27] ». Elle considère surtout que le CCIF, nid d'« islamistes », veut « *intimider toute vigilance* [*sic*] *envers l'intégrisme ou le terrorisme*[28] ». L'air de rien, voilà cette structure dépeinte en suppôt de l'État islamique…

Autres adversaires autoproclamés : ceux qu'elle appelle depuis plus de dix ans les « *idiots utiles* ». L'expression, empruntée à Lénine, désigne les intellectuels occidentaux qui contribuaient avec naïveté à la propagande soviétique. Dès 2005, dans *La Tentation obscurantiste*, elle dénonce ces « *bons petits soldats* », leur « *arrogance* », leur « *volonté autoritaire de faire taire toute critique, leurs mensonges* ». « *Le risque ne vient pas des Français d'origine maghrébine, ultramajoritairement laïques, mais bien de cette gauche obscurantiste prête à fournir les commissaires politiques et les petits soldats qui manquent aux intégristes.* »

CAROLINE FOUREST A QUELQUE CHOSE DU TROLL DES RÉSEAUX SOCIAUX. À LA FOIS IMPULSIVE ET MÉTHODIQUE, ELLE SE CHOISIT DES ENNEMIS QU'ELLE NE LÂCHE PLUS.

Ce marigot des « idiots utiles » n'est jamais défini avec précision. C'est toujours une catégorie générale, invoquée pour disqualifier les intellectuels, chercheurs, associations ou personnalités qui ne sont pas d'accord avec elle. À la lire ou à l'écouter, ils sont nombreux. C. Fourest a quelque chose du troll des réseaux sociaux. À la fois impulsive et méthodique, elle se choisit des ennemis qu'elle ne lâche plus. C'est par exemple la très laïque Ligue de l'enseignement, qui serait « *noyaut[ée]* » par les « *islamistes* » depuis la fin des années 1990 – « *On a régulièrement droit à un petit mot doux dans ses livres. Elle nous critique avec des rumeurs et des faux-semblants. Elle ne s'informe pas* », dit, lassé, son chargé de mission laïcité, Charles Conte. C'est le président de l'Observatoire de la laïcité, Jean-Louis Bianco, accusé d'avoir signé après les attentats de janvier 2015 une tribune, intitulée « Nous sommes unis », lancée par l'association Coexister et soutenue par quatre-vingts personnalités comme le grand rabbin de France, le président du Conseil français du culte musulman, le secrétaire général de la

CFDT Laurent Berger, mais aussi le CCIF et le rappeur havrais Medine – dont un des raps provocateurs, « Don't Laik », parle de « *crucifier les laïcards comme à Golgotha* ». Une polémique dans laquelle s'est engouffrée Manuel Valls lui-même[29]. C. Fourest dénonce souvent une « *chasse aux laïques* ». Elle dit aussi : « *Vous imaginez si* Charlie Hebdo *avait dit "crucifions les musulmans comme à Sétif"* ? »

C. Fourest s'en prend aussi à la très officielle Commission nationale consultative des droits de l'homme (CNCDH), dont elle estime le rapport annuel « *absolument malhonnêt[e]* » – il a évoqué une forte augmentation des actes antimusulmans. « *Ce qu'elle dit n'est pas exact,* répond sa présidente, Christine Lazerges. *Le racisme antimusulman ne fait que croître. Notre étude est faite par des chercheurs du CNRS confirmés. La taxer de malhonnête, c'est facile et scandaleux.* » Elle a ferraillé récemment contre le respecté historien et sociologue de la laïcité Jean Baubérot, accusé de « *préférer fréquenter les fondamentalistes et les mouvements sectaires* » et de prôner une « *laïcité ouverte* »[30]. « *Caroline Fourest est intellectuellement malhonnête et insinue des choses qui sont absolument le contraire de ce que j'écris, par exemple que je suis homophobe,* dit-il. *Elle cherche à "tuer" ceux qui ont des désaccords avec elle, sans se soucier de véracité.* » « *Elle mène des fatwas culturelles à l'envers* », écrivit un jour l'intellectuel proche du PS Frédéric Martel. Il lui reproche « *sa vision obsessionnelle de l'islam* » et se demande si elle n'a pas fini « *par croire à ses propres théories du complot* »[31]. « *Caroline Fourest écrase au bulldozer* », dit Rokhaya Diallo, qui constate à chaque polémique sa force de frappe médiatique. « *Elle n'est pas dans le débat, elle est dans la pression* », convient l'ex-socialiste et fondatrice d'Osez le féminisme Caroline De Haas, « *initiée au féminisme et au lien entre religions et droits des femmes* » par C. Fourest. Elle fustige aussi la prétendue « *gauche Mediapart* » et, par deux fois, a refusé de nous répondre pour cette enquête.

Glissements

Pour appuyer ses démonstrations, Caroline Fourest ne craint pas d'énoncer des demi-vérités, voire de vrais mensonges. Dans *Tirs croisés*, elle affirme que la maire de Lille Martine Aubry « *a fini par céder : la piscine de Lille-sud est désormais réservée aux femmes* ». Il s'agissait en réalité d'un créneau horaire pour une association de femmes obèses du centre social, dont beaucoup se trouvaient être musulmanes. Au *Monde*, l'à-peu-près de ses chroniques exaspère bien des journalistes, comme lorsqu'elle reprend la rumeur d'un four crématoire prêté par le régime iranien à Bachar El-Assad[32]. En 2014, le CSA épingle une de ses chroniques de France Culture dans laquelle elle avait affirmé sans vérifier que des séparatistes ukrainiens avaient « *arrach[é] les globes oculaires [d'officiers] avec un couteau* ». « *Elle peut faire des erreurs, elle n'est pas productrice de vérité : elle est dans le combat féministe et laïque* », l'excuse son ami Malek Boutih.

Lorsqu'elle obtient en 2006 le prix du livre politique pour *La Tentation obscurantiste*, plusieurs chercheurs lui décernent ironiquement des « lauriers de l'obscurantisme »[33]. Ils s'insurgent contre une « *haine viscérale de la connais-*

sance scientifique » qui invite à « *intérioriser les clichés* », déplorent un « *pamphlet qui s'érige frauduleusement en argumentaire rationnel, alors qu'il ne repose que sur le trafic des émotions, des peurs, permettant d'ânonner des lieux communs sur l'islam et les musulmans* ». Ils dénoncent notamment le « *tour de passe-passe essayiste [qui] consiste à disqualifier comme "islamiste", c'est-à-dire comme un danger social, tout musulman refusant de se démarquer explicitement de son appartenance religieuse* ». Quelques années auparavant, dans *Tirs croisés*, C. Fourest elle-même admettait que le « *terme "islamisme" présente un risque de confusion avec celui d'"islamique"* », raison pour laquelle elle préférera, dit-elle, employer le mot « *intégriste* ». La précaution sémantique n'a duré que quelques pages. En réalité, C. Fourest utilise le mot « *islamistes* » aussi bien pour définir certaines associations musulmanes françaises, les formations politiques se revendiquant de l'islam (en Tunisie ou en Turquie, par exemple) ou pour caractériser les terroristes.

Enseignant à Sciences Po Lyon, Philippe Corcuff s'est intéressé à la façon dont l'islam a été peu à peu essentialisé dans les débats publics au cours des années 2000. « *Son islamophobie n'est bien sûr pas celle de Zemmour : elle ne diabolise pas l'islam comme une menace. En revanche, elle a une thèse et tout doit entrer dans sa démonstration. Alors elle opère, à travers des amalgames successifs et des associations lexicales et sémantiques plus soft, des glissements entre pratiques des musulmans ordinaires et islamisme.* » Il cite par exemple une tribune parue en 2010 dans *Le Monde* sur une candidate voilée du Nouveau parti anticapitaliste

CAROLINE FOUREST SE DÉFEND VIGOUREUSEMENT DE TOUTE « RÉCUPÉRATION RACISTE DE LA LAÏCITÉ ». MAIS ELLE FINIT SOUVENT PAR TOUT MÉLANGER.

(NPA)[34], dans laquelle le féminisme islamique est forcément associé aux « islamistes » et le voile à la réaction, voire à la *burqa*[35]. C. Fourest se défend vigoureusement de toute « récupération raciste de la laïcité ». Mais elle finit souvent par tout mélanger. Comme lorsqu'elle semble suggérer un lien entre employé musulman, radicalisation et menace terroriste. « *Par les temps qui courent, un employeur hésite d'autant plus à embaucher un ou une salariée de culture musulmane qu'il craint de ne pouvoir le licencier en cas de radicalisation ou de comportements exigeant des aménagements sans fin. La peur peut même friser la terreur depuis qu'Hervé Cornara, un employeur ayant donné sa chance à un chauffeur salafiste, a été décapité [...] au nom de l'État islamique le 26 juin 2015.* » « *Elle dénonce sans cesse des "idiots utiles" mais elle devrait s'interroger sur l'usage qui est fait de ses propre discours. De quoi est-elle l'"idiote utile" ? C'est à elle de se poser la question* », commente Éric Fassin. C. Fourest a par exemple longtemps fréquenté le fondateur du groupuscule Riposte laïque – connu pour ses fameux « apéros saucisson-pinard » –, Pierre Cassen, un islamophobe revendiqué qui fut condamné en 2012 pour incitation à la haine et fraie ouvertement avec le Bloc identitaire. En 2006, elle écrivit même une tribune avec lui[36]. Dans *ProChoix*, elle lui dit un jour son «*amitié*»... avant de dénoncer trois ans plus tard une «*dérive*» qui «*n'a surpris personne*»[37]. «*Voilà une façon bien expéditive de se dédouaner*», commenterait sans doute C. Fourest si elle écrivait sur elle-même.

De temps en temps mordue au mollet par C. Fourest, la sociologue de Paris-8 Nacira Guénif-Souilamas a coécrit il y a douze ans un livre sur la façon dont la «*fille voilée*» et le «*garçon arabe*» sont devenus les bêtes noires du féminisme «*républicain*»[38]. Elle porte un jugement sévère. «*Par ses logiques d'influence, de pression, d'intimidation, mais aussi par l'indigence de sa pensée, elle est le symptôme d'un repli et de l'effondrement des horizons intellectuels. Elle ne pense que pour asseoir sa position. En fait, il faudrait ne plus prêter attention à ce qu'elle dit. De nombreux médias le font parce qu'ils sont paresseux. Ça, c'est du repli communautaire, bien-pensant de gauche et bien ignorant de ses propres travers! La pensée radicale a été diabolisée, congédiée, criminalisée. Il ne reste que cette eau tiède servie à tout bout de champ, qui se prétend être le summum de l'audace intellectuelle.*»

Caroline Fourest mène aussi des guerres très personnelles. Elle sait se faire le porte-voix efficace d'un petit groupe d'ultra-laïques dont elle partage et amplifie les combats, de la Licra (Ligue contre le racisme et l'antisémitisme) au Comité laïcité République, présidé par Patrick Kessel, un ancien grand maître du Grand-Orient de France. La première obédience maçonnique française est sans cesse traversée de vives tensions autour de la laïcité, entre partisans stricts de la loi de 1905 et tenants d'une laïcité quasiment identitaire qui veulent la modifier – des «frères» la disent d'ailleurs membre du Grand-Orient de France, ouvert depuis peu aux femmes, elle assure ne «*faire partie d'aucune loge*[39]». En même temps, elle sait toujours se recentrer pour ne pas écorner son image. Elle s'est par exemple gardée de rejoindre le Printemps républicain, initiative lancé par le théoricien socialiste de l'«*insécurité culturelle*» Laurent Bouvet, où elle compte pourtant de nombreuses connaissances. Contrairement à nombre de ses soutiens (à commencer par Manuel Valls lui-même), elle se garde de prôner une loi sur le voile à l'université, l'interdiction des mères voilées accompagnatrices ou les arrêtés antiburkinis, qu'elle condamne. Tout en argumentant que les femmes qui le portent feraient mieux de se baigner dans leur «*piscine privée*» ou leur «*baignoire*»[40] – on a vu remarque plus féministe...

ELLE SE GARDE DE PRÔNER UNE LOI SUR LE VOILE À L'UNIVERSITÉ, L'INTERDICTION DES MÈRES VOILÉES ACCOMPAGNATRICES OU LES ARRÊTÉS ANTIBURKINIS.

«Homonationalisme»

À la fin des années 1990, Didier Lestrade, le cofondateur de *Têtu*, se rappelle avoir vu débarquer dans les locaux du journal une jeune pigiste déterminée. «*Tu ne pouvais pas être plus communautaire qu'elle*, se souvient-il. *Elle était très bosseuse, son boulot sur l'extrême droite était intéressant.*» En 2012, dans un livre énervé au

LE SEUL LIVRE DU DUO FOUREST-VENNER TRADUIT À L'ÉTRANGER, *FRÈRE TARIQ*, L'A ÉTÉ PAR UNE MAISON D'ÉDITION ULTRACONSERVATRICE.

titre évocateur, *Pourquoi les gays sont passés à droite*, celui qui est aussi une figure de la lutte antisida à Act Up-Paris tutoie avec véhémence cette ancienne collaboratrice anonyme qui s'appelait C. Fourest. « *Nous nous désolidarisons de toi, tout de suite, tu nous as engagés dans une voie qui n'a jamais été la nôtre, et tu devrais avoir honte. [...] S'associer avec les pires secteurs politiques et médiatiques du pays contre une autre minorité, on ne l'a jamais fait. Tu as ouvert une porte qui a laissé passer un discours sinistre et libéré la parole raciste.* » « *Le "combat" mené par C. Fourest et la "libération" de la parole ont un prix terrible*, écrit-il dans son livre. *L'image de l'homosexualité que donne cette gauche au reste du monde est celle d'une homosexualité blanche et bourgeoise qui s'attaque à des millions de personnes dont la majorité est pauvre. [...] On utilise la défense de la minorité gay comme repoussoir à la frontière. C'est ça l'homonationalisme LGBT*[41]. » C. Fourest défend depuis longtemps l'égalité des droits, et notamment la procréation assistée pour les couples de femmes, que le PS n'a pas votée avec le mariage des couples de même sexe. Mais il lui arrive de dénoncer une étrange et mystérieuse « *nébuleuse "homo-islamiste"*[42] », formule que ne renierait sans doute pas un éditorialiste de la droite dure. D'ailleurs, le seul livre du duo Fourest-Venner traduit à l'étranger, *Frère Tariq*, l'a été par une maison d'édition ultraconservatrice, Encounter Books, qui publie les ouvrages des climato-sceptiques américains, de l'ancien ambassadeur à l'ONU de George W. Bush John Bolton, ou d'une des animatrices radio préférées de Donald Trump, Laura Ingraham.

Ne serait-elle pas devenue tout simplement réac ? Dans l'abondante littérature du couple Fourest-Venner, il y a un passage de la revue *ProChoix* qui pique les yeux. Il s'agit d'un édito de 1999 signé Fiammetta Venner. Intitulé « En attendant d'être réactionnaires », il tance ces « *militants progressistes de jadis* », « *si avant-gardistes pour leur époque mais si efficaces qu'ils sont aujourd'hui dépassés* », et ceux qui « *ont fini par défendre des idées contraires à celles qu'ils défendaient la veille* ». L'attaque vise alors les « *experts et intellectuels* » de gauche, comme la sociologue Irène Théry – qui changera d'avis ensuite au point de soutenir le Mariage pour tous –, ou des féministes historiques qui « *ont pris position contre le Pacs* ». La prose de F. Venner est féroce, comme toujours, mais aussi drôle, ce qui est plus rare. Elle s'interroge : « *Comment jugera-t-on dans dix ans ce quarteron de pseudo-intellectuels qui rotent les mots "République" et "universel" comme des gousses d'ail mal digérées mais méprisent la revendication de l'égalité ?* » F. Venner s'amusait alors à imaginer le jour où, avec C. Fourest, elles iraient « *rejoindre* » le « *panthéon des combats d'avant-garde dépassés* »[43].

1. BFMTV, « Huée à l'Assemblée nationale, Latifa Ibn Ziaten va porter plainte », 22 décembre 2015.
2. C. Fourest, « Ce qui se cachait vraiment derrière les "gauches irréconciliables" de Valls », *Marianne*, 10 décembre 2016.
3. *ProChoix*, n° 28, printemps 2004.
4. *La Tentation obscurantiste*, Grasset, Paris, 2005.
5. « Islamo-gauchisme, aux origines d'une expression médiatique », *Libération*, 14 avril 2016.
6. *ProChoix*, numéro 4, mars 1998
7. Après *France-Soir*, *Charlie Hebdo* décide de les publier en solidarité avec le journal danois *Jyllands-Posten*, qui avait lancé le concours de caricatures de Mahomet et reçu des menaces.
8. « Caricatures : les organisations musulmanes hésitent à lancer des poursuites systématiques », *Le Monde*, 7 février 2007.
9. Bio officielle de C. Fourest sur http://tinyurl.com/hu8p84b.
10. *Frère Tariq*, Grasset, Paris, 2004.
11. *Marianne*, 6 octobre 2016.
12. *Le Monde*, 11 mai 2006.
13. *Éloge du blasphème*, *op. cit.*
14. « Les hussardes », *Le Nouvel Observateur*, 27 mai 2004.
15. *ProChoix*, n° 1, décembre 1997.
16. *ProChoix*, n° 19, septembre-décembre 2001.
17. *ProChoix*, n° 28, printemps 2004.
18. *La Tentation obscurantiste*, *op. cit.*
19. *ProChoix*, n° 25, été 2003.
20. *La Dernière Utopie. Menaces sur l'universalisme*, Grasset, Paris, 2009.
21. *Génie de la laïcité*, *op. cit.*
22. S. Marteau et P. Tournier, *Black Blanc Beur*, Albin Michel, Paris, 2005.
23. *ProChoix*, n° 26/27, automne 2003.
24. *Islamophobie. Comment les élites françaises fabriquent le « problème musulman »*, La Découverte, Paris, 2016.
25. *Le Monde*, 15 décembre 2016.
26. M. Magnaudeix, « Tariq Ramadan, l'homme aux mille discours », *Mediapart*, 20 avril 2016.
27. *Génie de la laïcité*, *op. cit.*
28. *Éloge du blasphème*, *op. cit.*
29. L. Bredoux et M. Magnaudeix, « Laïcité, Manuel Valls repart en guerre », 19 janvier 2016.
30. *Génie de la laïcité*, *op. cit.*
31. F. Martel, *J'aime pas le sarkozysme culturel*, Flammarion, Paris, 2011.
32. A. Gresh, « Caroline Fourest, les fours crématoires et la Syrie », 27 février 2012.
33. « Les lauriers de l'obscurantisme » *Le Monde*, 18 avril 2006.
34. « NPA, nouveau parti antiféministe ? », *Le Monde*, 5 février 2010.
35. *Confluences Méditerranée*, n° 95, automne 2015.
36. « Contre un nouvel obscurantisme », *Libération*, 28 avril 2006.
37. *ProChoix*, n° 41 et 52, automne 2007 et été 2010.
38. N. Guénif et É. Macé, *Les Féministes et le Garçon arabe*, Agora débats, Paris, 2004.
39. Site personnel de C. Fourest : http://tinyurl.com/hu8p84b.
40. « À propos du burkini et du grotesque », *Huffington Post*, 16 aout 2016.
41. D. Lestrade, *Pourquoi les gays sont passé à droite*, Seuil, Paris, 2012.
42. *Éloge du blasphème*, *op. cit.*
43. *ProChoix*, n° 11, septembre 1999.

HOLLYWOOD À L'HEURE CHINOISE

Comment la Chine transforme le cinéma mondial

PAR **VINCENT DOZOL**

Depuis la crise de 2008, la Chine a opéré une percée insolente dans l'univers d'Hollywood, pourtant structurellement hostile aux « étrangers ». Côté américain, c'est un véritable appel d'air pour des sociétés en grande difficulté financière, qui permet à des films aux budgets pharaoniques de trouver un équilibre grâce à leur diffusion sur le marché intérieur chinois. Cela au prix de quelques concessions : changer les dialogues d'un film pour plaire à Pékin ; modifier le scénario d'un autre pour faire de la Chine la première puissance mondiale ; s'assurer que les envahisseurs de tel autre film ne soient plus chinois mais nord-coréens, etc. Hollywood construit ainsi un nouveau stéréotype : un pays à l'économie triomphante capable de sauver la planète. Côté chinois, l'enjeu est non seulement de devenir le premier marché mondial du cinéma, mais aussi de disposer des outils lui permettant d'établir une influence culturelle et idéologique sur une partie du monde qui lui était jusqu'alors peu accessible.

Lors du festival international du film de Shanghai en juin 2016, le cinéaste taiwanais Ang Lee a averti ses collègues : «*Je ne veux pas retenir les réalisateurs dans leurs projets, mais ils ne devraient pas grandir trop vite. C'est une industrie émergente et le début d'un âge d'or – ce n'est pas le sommet, simplement le début. [...] Bien sûr que nous allons dépasser le* box office *américain. Nous avons une population plus grande, mais les États-Unis ont une culture cinématographique plus profonde. Leurs systèmes sont déjà en place et leur culture pop touche le monde entier. Nous oublions que nos parents nous ont appris, enfants, à rester modestes.*» Ang Lee, installé à New York, est l'une des figures les plus célèbres de la collaboration cinématographique entre la Chine et l'Amérique. Cette déclaration intervient dans un contexte hollywoodien qualifié par la presse de « *ruée vers l'or yuan* ».

La Chine a pris une place considérable dans l'usine à rêves américaine. Elle est à la fois devenue un acteur majeur à Hollywood et un marché incontournable pour le succès des films américains. À tel point que scénarios et conditions de production en sont transformés. Cette tendance s'est manifestée de manière spectaculaire en 2012, lorsque le groupe immobilier Dalian Wanda a acheté la chaîne de cinémas AMC Entertainment Holdings, la deuxième plus importante des États-Unis, très endettée, pour 2,6 milliards de dollars. Dirigé depuis 1989 par l'homme le plus riche de Chine, Wang Jianlin, Dalian Wanda est le plus grand promoteur immobilier du pays et aujourd'hui le premier propriétaire de chaînes de cinémas au monde. Il a par ailleurs pris le contrôle cette année, pour 3,5 milliards de dollars, du studio hollywoodien Legendary Entertainment, coproducteur des *blockbusters The Dark Knight* (2008), *Godzilla* (2014) ou *Jurassic World* (2015). Plusieurs groupes chinois seraient par ailleurs en négociation pour le rachat du studio Paramount, mis en vente par Viacom. Et de multiples accords de distribution et de financement sino-américains sont régulièrement annoncés. En 2015, le chiffre d'affaires du *box office* chinois était de 6,78 milliards de dollars, soit une augmentation de 48,7 % par rapport à l'année précédente, une progression sans équivalent ailleurs dans le monde. La Chine (1,4 milliards d'habitants) devrait devenir le premier marché mondial du cinéma, marché étroitement contrôlé par l'État, et dépasser l'Amérique du Nord dès 2017.

LA CHINE A PRIS UNE PLACE CONSIDÉRABLE DANS L'USINE À RÊVES AMÉRICAINE.

Le cinéma américain, un modèle et un rival historique

Les liens entre Hollywood et la Chine remontent aux années 1920, où l'influence hollywoodienne est perceptible dans le cinéma de Shanghai, le premier centre cinématographique de la Chine. Entre les années 1930 et 1940, les films américains représentaient 75 % du marché chinois[1]. Après la révolution de 1949, le gouvernement a progressivement bloqué la diffusion des productions hollywoodiennes. Après le déclenchement de la guerre en Corée, les films américains ont été totalement interdits en Chine, où l'industrie a été nationalisée en 1953 sur le modèle soviétique. Un seul film américain y est sorti en 1960, *Le Sel de la terre*, de Herbert J. Biberman (1954), l'histoire d'une révolte minière

APRÈS LE DÉCLENCHEMENT DE LA GUERRE EN CORÉE, LES FILMS AMÉRICAINS ONT ÉTÉ TOTALEMENT INTERDITS EN CHINE,

au Mexique, principalement l'œuvre d'artistes dont le nom figurait sur la liste noire anticommuniste d'Hollywood. Malgré leur interdiction, les films américains ont continué d'exercer une profonde influence sur le cinéma hongkongais et taiwanais. Après les réformes économiques initiées en 1979 et l'avènement de l'« économie socialiste de marché », le cinéma américain est progressivement revenu sur les écrans chinois, bien qu'il ait dû passer par la censure stricte du gouvernement communiste. L'importation a ensuite été interrompue de 1990 à 1992, après les manifestations de Tiananmen.

Une nouvelle règle a été édictée en 1994 pour redynamiser le marché domestique : dix *blockbusters* étrangers ont pu être diffusés chaque année à compter de cette date. Les studios américains ont alors commencé à investir dans des coproductions en Chine, à Taiwan et Hong Kong, et à intégrer des acteurs (Jackie Chan, Jet Li), des chorégraphes spécialistes d'arts martiaux (Yuen Woo-Ping, Cheung-Yan Yuen), quelques réalisateurs (John Woo, Ang Lee, Tsui Hark) et des thématiques chinois dans les productions américaines. Cette tendance concernait essentiellement les films de genre (kung-fu, *wu xia pian* (« films de chevalerie martiale »), films de sabre, films d'action et films noirs), qui sont devenus des zones de contact entre deux industries et deux cultures.

Le volume des investissements américains dans l'industrie cinématographique chinoise a relancé le secteur. Selon Jason E. Squire, enseignant à l'école de cinéma de l'université de Californie du Sud et de Pékin, auteur de *The Movie Business Book International*, « *on a assisté à un changement graduel et historique ces dix dernières années. Avec une classe moyenne chinoise en pleine croissance, le divertissement comme expression du* soft power *est devenu plus central. Le public chinois est jeune, intelligent, connecté, et le cinéma est le premier domaine de consommation de loisirs. Aux États-Unis, c'est devenu le deuxième ou troisième choix. La croissance des productions de films chinois sophistiqués générant du profit est aussi extraordinaire* ». Aujourd'hui, les chantiers de multiplexes explosent dans le pays.

La Chine construit vingt-sept écrans par jour en moyenne, principalement dans des grandes villes. Le pays compte vingt-trois écrans pour 1 million d'habitants, loin derrière les États-Unis, dont le ratio est cinq fois plus élevé. Le système de diffusion secondaire (DVD, diffusions télévisées et vidéo à la demande) reste cependant sous-développé.

En 2012, la Chine est devenue le quatrième producteur cinématographique au monde, avec 745 films, derrière l'Inde, le Nigeria et les États-Unis. Le Hengdian World Studios, qui s'étend sur 2 800 hectares dans l'est du pays, est aujourd'hui le plus grand studio de tournage au monde. Quant au groupe Dalian Wanda, il construit pour 8,2 milliard de dollars le Quingdao Oriental Movie Metropolis, un complexe énorme qui comprend un studio de tournage équipé des dernières technologies, un parc d'attraction, 4 000 chambres d'hôtel, un centre commercial, un yacht-club, un musée de cire et même un hôpital.

EN 2012, LA CHINE EST DEVENUE LE QUATRIÈME PRODUCTEUR CINÉMATOGRAPHIQUE AU MONDE, AVEC 745 FILMS, DERRIÈRE L'INDE, LE NIGERIA ET LES ÉTATS-UNIS.

Hollywood, porte d'accès à l'international

«*La Chine cherche à Hollywood une expertise pour la mondialisation de son marché cinématographique*», nous explique Stanley Rosen, professeur de sciences politiques spécialiste de la Chine à l'université de Californie du Sud (Los Angeles). «*Elle veut pouvoir raconter des histoires qui plaisent à tous, apprendre et comprendre le système hollywoodien du marketing et de la distribution. Nous allons vers un système intégré, il va être de plus en plus difficile de séparer Hollywood et les intérêts chinois.*» Les investisseurs chinois cherchent à diversifier leurs affaires à l'étranger au moment où la croissance ralentit dans leur pays, notamment dans le secteur de l'immobilier.

Selon Jack Gao, vice-président de Wanda Cultural Industry Group, l'acquisition d'AMC et de Legendary avait expressément pour but d'apprendre d'Hollywood : «*Le secteur du film chinois, c'est toujours le Far West. C'est loin d'être complètement industrialisé. […] Nous n'allons pas prétendre être des experts des États-Unis. Nous devons apprendre en nous liant à Hollywood, aux consommateurs et à la technologie, et mettre en place les meilleures stratégies d'investissement*», a-t-il déclaré lors d'un débat à Beverly Hills en avril. La rencontre était organisée par l'un des artisans essentiels de cette nouvelle donne, l'homme d'affaires américain Donald Tang, cinquante-deux ans. Né à Shanghai, émigré aux États-Unis en 1982, il est ensuite devenu banquier d'investissement chez Bear Stearns. En juin 2015, il a cofondé la société californienne Tang Media Partners (TMP), avec son partenaire Charles Cohen, ancien cadre de direction de la MGM, en bénéficiant du soutien financier de China Media Capital, du studio et du groupe Tencent (un des leaders chinois d'Internet, de la vidéo et des réseaux sociaux). «*Nous sommes des opérateurs, pas simplement des investisseurs. Nous souhaitons changer le secteur de l'*entertainment *par une meilleure compréhension des attentes particulières et des goûts communs aux différents marchés internationaux. Tang Media Partners souhaite devenir le point unique d'accès pour les investisseurs qui cherchent une exposition à Hollywood et à toutes ses capacités*», explique Donald Tang.

Le studio américain STX Entertainment a conclu l'année dernière un accord commercial d'au moins trois ans avec la société chinoise Huayi Brothers et Tang Media Partners pour la production de dix-huit films. Certains titres sont déjà sortis sur les écrans américains: *The Gift* (2015), *Hardcore Henry*, *Free State of Jones* (2016). Donald Tang est mentionné au générique de chaque film en tant que producteur exécutif. Il assure que les négociations ont exclusivement concerné la protection financière des investisseurs et que le studio garde une liberté créative entière sur ses films. En juin dernier, Tang Media Partners a acquis la majorité des parts de IM Global, une société mondiale de financement, de production et de vente des droits internationaux audiovisuels basée à Los Angeles, avec un bureau à Pékin depuis 2013.

Capitaux étrangers bienvenus à Los Angeles

« *Ce mouvement de capitaux, c'est* business as usual. *Hollywood fait la cour aux Chinois pour leur argent. Les hommes d'affaires chinois veulent apprendre auprès de la meilleure industrie cinématographique du monde. Mais Hollywood reste un milieu très fermé*», explique Ann Lee, professeur de finance à la New York University et auteur du livre *What the US can learn from China* (2012). L'arrivée de capitaux étrangers en masse à Hollywood n'est pas un phénomène récent. À partir des années 1980-1990, dans un contexte d'augmentation des budgets des films, Hollywood s'est largement ouvert aux investissements étrangers, notamment japonais et indiens.

Le cycle chinois est-il différent ? Hollywood s'est toujours montré disposé à accueillir ce qu'il nomme péjorativement le « *dumb money* » (l'« argent stupide »), profitant de son prestige international pour attirer les capitaux. Après la crise de 2008, les banques américaines ont réduit, voire stoppé, le financement du cinéma. Les capitaux chinois ont dès lors été les bienvenus, d'autant qu'ils permettaient d'accéder à un gigantesque marché intérieur. Donald Tang assure que « *si ce modèle économique hollywoodien déformé persiste, les investisseurs chinois s'en iront, comme d'autres investisseurs étrangers avant eux. Si ce modèle change, dans cinq à dix ans, on peut envisager le baptême d'un important studio hollywoodien avec un nom chinois* ».

APRÈS LA CRISE DE 2008, LES BANQUES AMÉRICAINES ONT RÉDUIT, VOIRE STOPPÉ, LE FINANCEMENT DU CINÉMA.

« *Cette tendance est plus profonde et soutenue dans le temps par rapport aux précédents cycles d'investissements internationaux*, explique Stanley Rosen. *Les groupes chinois réalisent d'importants investissements en Californie, et vendent aussi des parts à d'autres investisseurs en Chine. Leur exposition aux risques financiers est souvent moins importante que ce que les chiffres suggèrent au premier abord. [...] Le gouvernement chinois joue aussi un rôle plus important dans ce marché et peut intervenir au sein d'une compagnie privée. [...] On dirait parfois que l'on a affaire à "China Incorporation"* ».

Le contrôle étatique des films en Chine

L'État chinois souhaite mettre sur pied des géants commerciaux internationaux. Dans les années 1990, le gouvernement a lancé la politique du « *Zou chuqu* » (« aller dehors »), incitant à investir les surplus de capitaux afin d'accéder aux marchés étrangers. Avec l'entrée de la Chine à l'OMC en 2001, cette stratégie a été consolidée et formalisée comme un objectif primaire de développement.

À PARTIR DE 2011, SOUS L'IMPULSION DE HU JINTAO, LA CULTURE EST DEVENUE UNE BRANCHE TRÈS IMPORTANTE DU *SOFT POWER* CHINOIS.

À partir de 2011, sous l'impulsion de Hu Jintao, la culture est devenue une branche très importante du *soft power* chinois. Cette stratégie a ensuite été renforcée par le président Xi Jinping. Comme nous l'explique Stanley Rosen, « *la classe politique croit fermement que la mauvaise image de la Chine est le résultat d'une diabolisation dans les médias occidentaux. Les films sont un des moyens à leur disposition pour changer cette image. Les intentions sont pourtant contradictoires. Pour qu'un film américain séduise partout, il faut présenter des valeurs universelles. L'avantage d'Hollywood, c'est aussi sa capacité à critiquer le rêve américain et le gouvernement, à faire triompher l'individu héroïque contre le système, les institutions. Le rêve chinois est national, collectif. La Chine veut promouvoir ses films à l'étranger et sur le marché domestique tout en soutenant les "valeurs socialistes de base". Il est impossible en Chine de représenter les dirigeants de manière négative. Le message des films doit être en accord avec ce que le gouvernement souhaite* ».

L'adhésion à l'OMC a aussi entraîné une ouverture du marché chinois, avec un doublement du nombre de films étrangers importés. En février 2012, à la fin de son premier voyage en Californie, le futur président chinois Xi Jinping a rencontré le vice-président des États-Unis Joe Biden et le lobbyiste en chef de la Motion Picture Association (MPAA), l'ancien sénateur Chris Dodd. Xi Jinping a accepté un accord portant sur quatorze films supplémentaires en 3D et IMAX autorisés à l'importation. Les studios américains ont également pu augmenter leur part sur les recettes des films, passant de 13 % à 25 % sur la vente des billets d'entrée. Le marché chinois préférant les univers fantastiques et l'action, les grosses productions ont été privilégiées.

Pourtant, selon un producteur spécialisé dans la distribution, « *l'État chinois continue à chercher à protéger son industrie en ayant recours aux quotas ; la situation n'est d'ailleurs pas différente par rapport à d'autres secteurs économiques ou d'autres pays. La Chine va avoir de plus en plus confiance dans les capacités des cinéastes nationaux face à la compétition internationale, et va certainement continuer à ouvrir son marché cinématographique dans les années à venir*». Wendy Su, professeur associée à l'université de Californie Riverside, se montre plus critique : «*Le gouvernement chinois bénéficie de revenus en hausse et d'une image de plus en plus positive en dehors de ses frontières, ce qui aide à maintenir sa légitimité. De plus, en vendant des spectacles audiovisuels aux masses, le gouvernement détourne l'attention des Chinois des problèmes politiques et sociaux majeurs. Pour faire de l'argent et divertir les gens, le capital transnational hollywoodien et le gouvernement chinois sont plus alliés qu'ennemis. [...] Avec comme résultat une industrie du film en faveur de produits purement commerciaux, alors que les films sociaux réalistes et artistiques ont été marginalisés. Sous la triple menace du marketing, de l'hollywoodisation et de la censure d'État, les producteurs chinois de films critiques et artistiques ont dû se battre pour survivre et sont confrontés à des difficultés sans précédent. L'effet le plus glaçant est l'autocensure et l'autodiscipline intégrées par les réalisateurs*[2].» Dans un discours d'octobre 2014 à Pékin, Xi Jinping a demandé aux artistes chinois et aux réalisateurs d'appliquer la «*politique artistique du parti*», et de «*disséminer les valeurs chinoises contemporaines, d'incarner la culture traditionnelle chinoise et de refléter la recherche artistique du peuple chinois*».

DANS UN DISCOURS D'OCTOBRE 2014 À PÉKIN, XI JINPING A DEMANDÉ AUX ARTISTES CHINOIS ET AUX RÉALISATEURS DE «*DISSÉMINER LES VALEURS CHINOISES CONTEMPORAINES*».

Le gouvernement contrôle aussi le calendrier des sorties afin de favoriser la production locale. Pendant les fêtes nationales et les mois d'été, les nouveaux films étrangers sont parfois interdits. En 2012, *The Amazing Spider-Man* et *The Dark Knight Rises* devaient sortir le même week-end, afin de les mettre en compétition et diminuer leurs profits potentiels. Warner a refusé cette date pour protéger son *Batman*. Le dernier chapitre de la trilogie de Christopher Nolan n'est jamais sorti sur les écrans chinois.

Censure et autocensure

Par conséquent, scénarios et castings sont régulièrement retouchés afin de répondre aux sensibilités et attentes supposées du public et des partenaires chinois. Les exemples abondent. Dans la lignée de *Fu Manchu* dans les années

SCÉNARIOS ET CASTINGS SONT RÉGULIÈREMENT RETOUCHÉS AFIN DE RÉPONDRE AUX SENSIBILITÉS ET ATTENTES SUPPOSÉES DU PUBLIC ET DES PARTENAIRES CHINOIS.

1930, le cinéma américain a longtemps représenté le « péril jaune » sur ses écrans avec des caricatures de Chinois dans le rôle des méchants. Depuis *The Dark Knight* (2008), dans lequel Batman kidnappe un mafieux à Hong Kong pour le livrer à la police new-yorkaise, l'ennemi chinois a aujourd'hui disparu des écrans, remplacé par le Russe ou l'Arabe. Un dialogue du film-catastrophe *2012* (Roland Emmerich, 2009) souligne l'efficacité chinoise dans la construction des gigantesques arches qui sauvent l'humanité. Le scénario du film de science-fiction *Looper* (Rian Johnson, 2012) a été modifié : dans une soixantaine d'années, ce n'est plus la France qui est la première puissance mondiale, mais la Chine. L'actrice Xu Qing a par ailleurs été intégrée au casting pour jouer la femme de Bruce Willis. La version chinoise du film compte plusieurs minutes supplémentaires pour les scènes qui se déroulent à Shanghai. Les envahisseurs du film *L'Aube rouge* (Dan Bradley, 2012) ne sont plus chinois, mais nord-coréens, grâce à une transformation numérique en postproduction. La version chinoise d'*Iron Man 3* (Shane Black, 2013) a été adaptée en intégrant des scènes additionnelles avec l'acteur Wang Xueqi. Le Mandarin, le méchant du film, a été transformé, loin du personnage stéréotypé de la bande-dessinée originale. Une partie de l'histoire de *Transformers 4* (Michael Bay, 2014), une production de Paramount avec l'entreprise publique China Movie Channel et Jiafix Enterprises, se déroule en Chine, avec une multitude de placements de produits chinois. Les acteurs Han Geng et Bingbing Li y font une apparition, et l'État chinois est présenté comme le salut de l'humanité face aux vilains envahisseurs. Hollywood construit un nouveau stéréotype chinois : un pays à l'économie triomphante capable de sauver la planète.

La Chine a su se rendre indispensable, car les recettes des *blockbusters* américains dans le pays compensent les mauvais résultats en Amérique, permettant à des grosses productions de devenir rentables [3]. Cependant, le marché chinois peut aussi être un problème pour Hollywood. La croissance de l'industrie du film chinois devrait augmenter de 19 % chaque année [4], et la part des recettes américaines sur les entrées chinoises est en déclin rapide. Les revenus sont passés de 46 % en 2014 à 38 % en 2015, alors que la qualité de la production nationale a augmenté et que le système des quotas pour les films étrangers (trente-quatre par an) est toujours en vigueur. Le même rapport projette que le *box office* chinois générera 15 milliards de dollars en 2020 de recettes totales, alors que le *box office* américain ne devrait pas dépasser 11 milliards.

LA CHINE A SU SE RENDRE INDISPENSABLE, CAR LES RECETTES DES *BLOCKBUSTERS* AMÉRICAINS DANS LE PAYS COMPENSENT LES MAUVAIS RÉSULTATS EN AMÉRIQUE.

Vers des coproductions équilibrées ?

Verra-t-on prochainement des *blockbusters* chinois en tête des entrées mondiales ? Difficile à imaginer s'ils ne sont pas tournés en anglais. Aujourd'hui, les stars chinoises restent largement inconnues en dehors de leur pays, même si quelques films historiques de sabre et d'arts martiaux ont été des succès internationaux : *Hero* (2002), *Le Secret des poignards volants* (2004), *Crazy Kung-Fu* (2004), *Les Trois Royaumes* I et II (2008-2009). Les deux plus grandes réussites chinoises en 2016 sur le marché intérieur, *The Mermaid*, de Stephen Chow et *Monster Hunt*, de Raman Hui, ne font pas recette en dehors du pays. Selon Stanley Rosen et Donald Tang, c'est le secteur de l'animation qui devrait connaître un triomphe mondial, notamment parce que les films animés sont plus faciles à traduire et intègrent plus aisément les idées et la culture chinoises.

La formule magique d'une véritable coproduction financière et culturelle entre la Chine et les États-Unis, qui passerait outre le système des quotas, n'a pas encore été trouvée[5]. Pour obtenir une coproduction avec des sociétés chinoises, les producteurs américains doivent s'engager à tourner des séquences du film en Chine et au moins un tiers du casting doit être composé d'acteurs chinois. STX a ainsi produit *The Foreigner*, un film d'action réalisé par le Néo-Zélandais Martin Campbell (*GoldenEye*, *Casino Royal*), avec l'ex-Bond Pierce Brosnan et le bondissant Jackie Chan, également coproducteur au sein de sa société SR Media. La sortie américaine du film est prévue pour 2017. Legendary mise de son côté sur *The Great Wall*, une fresque épique et fantastique sur la Grande Muraille, tournée en anglais, avec les stars Andy Lau, Matt Damon et Willem Dafoe, coproduite par le groupe China Film et Le Vision Pictures pour un budget de 150 millions de dollars. Le film a été réalisé par Zhang Yimou, l'un des réalisateurs chinois les plus talentueux et couronnés de succès. Il a notamment signé *Hero* (2002), avec Jet Li, et a mis en scène la cérémonie d'ouverture des jeux Olympiques de Pékin en 2008. *The Great Wall* doit sortir en février 2017 aux États-Unis. Selon le chercheur Jason E. Squire, « *c'est une production très risquée et spéculative. Si c'est un succès, il servira de modèle en termes de structuration de la production, de cofinancement, de compréhension des attentes des différents publics. J'espère que cette Grande Muraille deviendra le "grand pont"* ».

1. W. Su, *China's Encounter With Global Hollywood, 1994-2013*, University Press of Kentucky, Lexington, 2016.
2. Su Wendy, *China's Encounter With Global Hollywood, 1994-2013,* University Press of Kentucky, 2016.
3. C'est le cas du film *Warcraft* (Duncan Jones, 2016), distribué par Legendary East en Chine.
4. "Global Entertainment and Media outlook 2016-2020: Cinema", PricewaterhouseCoopers, juin 2015. http://www.pwc.com/us/en/industry/entertainment-media/publications/global-entertainment-media-outlook.html
5. Des films comme *Le Royaume interdit* (Rob Minkoff, 2008), qui réunit Jackie Chan et Jet Li, présente un folklore mythologique chinois dans une vision américano-centrée.

CÉLINE ALVAREZ, LE BUSINESS PÉDAGOGIQUE

Enquête sur un bestseller controversé

PAR **LAURENCE DE COCK**

Phénomène médiatique de l'année, l'expérience menée par Céline Alvarez durant trois ans dans une école primaire d'une banlieue populaire de Paris s'est faite sur la base d'un cocktail inédit de méthode Montessori et de neurosciences. L'enthousiasme suscité par son livre, *Les Lois naturelles de l'enfant*, tient au caractère spectaculaire des résultats affichés, avec des taux de réussite très élevés, y compris de manière précoce et chez des enfants peu favorisés. Mais, à y regarder de plus près, tout est loin d'être aussi rose. La « méthode », très gourmande en matériel et en encadrement, se révèle intransposable dans un contexte scolaire plus large ; les prétendues « lois naturelles de l'enfant » relèvent d'un salmigondis mêlant sciences cognitives et philosophie *new age*, mais d'où la pédagogie est à peu près absente ; et, surtout, l'expérience a servi de cheval de Troie aux appétits entrepreneuriaux, qui se nourrissent des échecs de l'école publique pour tenter d'y mener un business au potentiel fort lucratif.

En cette fin d'année 2016, les murs du métro sont le support d'une campagne publicitaire vantant un ouvrage de pédagogie : « *Le livre qui va changer l'école* », selon le journaliste Patrick Cohen, « *Le livre à offrir à tous les parents* », surenchérit le slogan de l'éditeur. On annonce 200 000 « *lecteurs enthousiastes* » et un site Internet comptabilisant déjà près de deux millions de visiteurs. Tout semble indiquer qu'il s'agit de l'événement éditorial de l'année. Les murs du métro ne font d'ailleurs que relayer une campagne médiatique déjà bien rodée autour de l'ouvrage de Céline Alvarez, *Les Lois naturelles de l'enfant*. Les mentions dans la presse écrite de l'expérience pédagogique de l'auteure dépassent les deux cents occurrences depuis deux ans, et les articles sont en très grande majorité apologétiques, chose assez rare lorsqu'il est question de l'école, plus prompte à nourrir le registre de la déploration. Tous ou presque affirment que l'expérience menée par Céline Alvarez dans une école maternelle de Gennevilliers peut bouleverser les fondements de l'école française. L'ouvrage en question décrit en effet trois années d'accompagnement scolaire d'enfants de trois à cinq ans, selon la méthode Montessori agrémentée de pistes tirées de la psychologie cognitive et sociale, notamment des neurosciences.

L'EXPÉRIENCE MENÉE PAR CÉLINE ALVAREZ DANS UNE ÉCOLE MATERNELLE DE GENNEVILLIERS SERAIT SUSCEPTIBLE DE BOULEVERSER LES FONDEMENTS DE L'ÉCOLE FRANÇAISE.

Impossible, dès lors, lorsqu'on travaille sur l'école, d'échapper à la question : « Et sinon tu penses quoi du livre de Céline Alvarez ? » Personnellement, je n'en pensais pas grand-chose. Je connaissais certes l'efficacité de la pédagogie développée par Maria Montessori, médecin italienne du début du XXe siècle, pédagogie conçue d'abord pour des enfants inadaptés au système scolaire, voire malades, afin de compenser l'inefficience du système traditionnel face à des « marginalités » qu'il ne sait pas gérer. Reposant sur la manipulation d'objets spécialement élaborés pour des apprentissages comme la lecture, le calcul ou la compréhension scientifique du monde, cette pédagogie vise aussi l'autonomisation de l'enfant, son détachement vis-à-vis de la recherche d'évaluation par les adultes et le respect de son rythme propre d'entrée dans les apprentissages. Toutefois, je savais aussi que l'une des particularités de cette méthode est l'usage d'objets onéreux (en bois, faits main : bouliers, cadres, globes, lettres rugueuses, etc.) – pouvant atteindre plusieurs milliers d'euros par classe, le matériel devant être homologué, avec seulement trois constructeurs agréés –, ainsi qu'un besoin en personnel formé aux méthodes Montessori pour superviser des activités la plupart du temps individualisées. C'est la raison pour laquelle les écoles dites Montessori s'adressent quasi uniquement à des catégories sociales favorisées, un facteur non négligeable de leur efficacité.

C'est d'ailleurs à ce premier niveau que l'expérience Alvarez fait montre d'originalité. Le protocole se déroule dans la cité du Luth, quartier périphérique de Gennevilliers, au cœur de ce qu'il subsiste de la « ceinture rouge ». Le quartier du Luth est composé pour plus de la moitié de logements sociaux, le revenu fiscal médian y est de 13 100 euros et 25 % de la population y est au chômage (chiffres de 2012). Comme le montrent les vidéos de l'expérience, l'école maternelle Jean Lurçat accueille des classes également très métissées[1]. Il faut le souligner, Céline Alvarez n'a pas fait le pari de la facilité en optant pour une école maternelle d'un quartier populaire.

Les fondements du projet : Montessori, amour, lumières et neurosciences

Née à Aubervilliers, issue d'un milieu de classe moyenne, Céline Alvarez a grandi au cœur d'une cité ; et c'est forte du constat des injustices sociales subies par la plupart de ses camarades sur les bancs de l'école qu'elle aurait décidé de consacrer sa vie professionnelle à réfléchir aux solutions à y apporter. Au cours de ses études en sciences du langage, elle découvre les ouvrages de Maria Montessori, puis elle plaide pour le mariage entre la méthode Montessori, la linguistique et les neurosciences afin de sortir l'école de ses pesanteurs et de ses échecs. Elle décide alors de passer le concours de professeure des écoles pour « *infiltrer* » le système et « *essayer d'allumer une lumière* »[2]. En 2011, elle obtient l'autorisation de mener une expérience pédagogique sur une même classe de petite, moyenne et grande section durant trois ans, à charge pour elle de démontrer sa pertinence par des évaluations régulières. À la lecture de son livre, on découvre les fondements scientifiques et surtout métaphysiques du protocole. Dans la lignée des ouvrages de plus en plus nombreux de vulgarisation des travaux inspirés par les neurosciences, on y trouve un mélange de données scientifiques, d'affirmations existentielles sur le bonheur, l'amour, l'épanouissement et de quelques plus rares considérations pédagogiques.

Le préalable est le suivant[3] : l'être humain est « *précâblé* » pour apprendre sans efforts, pour aimer, vivre et apprendre avec les autres. Les enfants sont « *tous câblés pareil* » (*sic*), ce sont des machines à apprendre, mais pour cela ils ont besoin d'amour. Ce sont les « *lois naturelles de l'enfance* ». Ce « *câblage* » est la matrice de l'« *intelligence collective et sociale* ». Ainsi, en agissant très tôt directement sur les branchements cérébraux, on peut favoriser aussi bien les apprentissages fondamentaux que l'« *autonomie* », l'« *esprit d'initiative* », les « *élans fraternels* », et la « *reliance sociale* »[4]. Problème : l'école n'a pas été pensée sur la base de ces connaissances scientifiques, d'où le « *gâchis humain* » que l'on constate dans le taux d'échec scolaire. L'école méconnaît les « *lois de l'apprentissage* », ainsi que les « *grands principes d'épanouissement* », écrit encore Céline Alvarez dans son livre. L'auteure propose donc d'en revenir à ces lois naturelles et de mesurer régulièrement l'efficacité des apprentissages mis en place. Les neurosciences lui servent de guide scientifique, elles doivent permettre de retrouver des mécanismes naturels d'apprentissage. Le livre de Céline Alvarez s'inscrit à bien des égards dans une veine pseudo-scientifique très en vogue actuellement, qui nous enjoint au « plaisir » et à l'« épanouissement » en combinant aléatoirement ergonomie, neurosciences, métaphysique, sagesse orientale ou encore économie et management. Quelques libraires prennent d'ailleurs soin, à raison, de ne pas le placer dans le rayon dévolu à l'école mais dans celui nettement plus approprié de psychologie, bien-être ou développement personnel : « *Le message le plus évident est que les bonnes relations nous rendent plus heureux et en meilleure santé, c'est tout. [...] Tout notre fonctionnement biologique nous encourage à la bienveillance et à la reliance : lorsque nous sommes généreux, altruistes, justes, confiants envers les autres, notre cerveau nous récompense en libérant de la dopamine. La dopamine agit sur les circuits cérébraux de la récompense, provoquant une décharge d'enthousiasme, d'élan et de plaisir qui nous encourage* », écrit ainsi Céline Alvarez.

S'il y a peut-être des choses à puiser en matière d'épanouissement existentiel dans ce livre, la chose est plus douteuse sur le plan pédagogique. Un enseignant ou chercheur sur l'école n'y trouvera guère de révolution ; au mieux aura-t-il la confirmation de l'efficacité de la méthode Montessori décrite dans les parties les plus intéressantes du livre, illustrées par des photographies de maniement des objets par les petits : lettres rugueuses pour mémoriser les sons, bâtonnets en bois pour le calcul, globes pour la géographie, etc. De l'usage concret des neurosciences autrement que comme légitimation scientifique naturalisant les capacités d'apprentissage, nous ne saurons pas grand-chose ; on y lira surtout des considérations déjà bien connues par tous les enseignants de maternelle sur les aménagements de la classe, épurée, organisée par activités, l'apprentissage de la politesse, des premiers gestes d'autonomie, et sur l'importance du sommeil chez les petits. Dès lors, l'agacement de certains enseignants de maternelle face aux réactions exaltées de journalistes redécouvrant l'eau chaude alors qu'elle irrigue la plupart des classes depuis des décennies apparaît compréhensible. En sus, l'ouvrage se complaît volontiers dans l'autosatisfaction. Céline Alvarez rayonne au (bio)rythme de la réussite de ses élèves. Les cerveaux se « *câblent* » comme prévu avec le « *pouvoir transformateur de l'environnement* » ; les « *flux d'énergie* » la transportent…

Pourtant, coup de théâtre, trois ans plus tard, le dispositif est stoppé net. Sur les vidéos disponibles sur le site, les parents d'élèves, filmés en direct, n'en reviennent pas, ils secouent la tête, interloqués, sans voix et peinent à se remettre du choc. Quelques larmes coulent même de leurs yeux rougis [5]. « *J'ai dû désobéir tous les jours* », répète Céline Alvarez lors de ses conférences, assurant même avoir poursuivi clandestinement l'évaluation de son protocole en 2012 et 2013 ; raison pour laquelle, sans doute, ces évaluations sont aujourd'hui introuvables.

CÉLINE ALVAREZ RAYONNE AU (BIO)RYTHME DE LA RÉUSSITE DE SES ÉLÈVES ; LES « *FLUX D'ÉNERGIE* » LA TRANSPORTENT…

Comment ne pas s'interroger sur cet arrêt soudain ? En effet, depuis une dizaine d'années, l'« innovation » a le vent en poupe dans l'Éducation nationale. En lien avec le développement de « plans numériques » inaugurés pompeusement à l'Élysée [6], elle a même son « haut conseil [7] », sa fédération – la FESPI (Fédération des établissements scolaires publics innovants) –, ses concours et gratifications. D'ailleurs, l'expérience Alvarez est bien inscrite dans la rubrique « expérimentation » du ministère [8]. La fiche de présentation y fait le point sur la forme, les finalités et l'évaluation du projet. On y apprend notamment que ce dernier fait l'objet d'un « dialogue » entre la recherche scientifique et la recherche pédagogique grâce au suivi d'une professeure en « neurosciences cognitives développementales à l'université de la British Columbia », Adèle Diamond [9], et qu'il est évalué officiellement par l'association Agir pour l'école qui, dès 2011-2012, constatait des résultats plus que stupéfiants : « *En septembre 2012, treize enfants sur quatorze de grande section (cinq ans) étaient lecteurs et quatre enfants sur dix de moyenne section (quatre ans) également.* » Rappelons que l'apprentissage de la lecture ne commence en France qu'en CP, à l'âge de six ans.

Intriguée à la fois par cet apparent paradoxe – l'Éducation nationale aurait-elle volontairement mis fin à un projet trop efficace ? – et par le succès médiatique de l'expérience, je décidai donc de partir en quête d'éclairages sur ce qui est devenu aujourd'hui le « *phénomène Céline Alvarez* », selon la formule utilisée par de nombreux médias.

Les dessous de l'enquête

Rencontrer des témoins locaux s'est révélé beaucoup moins simple que prévu. À Gennevilliers, par exemple, malgré l'enthousiasme préalable de mon premier contact, qui avait promis de me mettre en relation avec des parents d'élèves, ma quête fit chou blanc, mon contact s'étant volatilisé dans les semaines qui ont suivi. Le conseiller municipal préposé aux affaires scolaires accepta d'abord de discuter de « *ce beau sujet qu'est la pédagogie* » mais, apprenant que l'entretien porterait sur l'expérience Alvarez, perdit rapidement son entrain en m'informant qu'il « *ne voyait pas ce qu'un élu à l'enseignement peut apporter à un travail de recherche, compte tenu du champ de compétences qui est le sien* »[10]. Contacté par téléphone, le nouveau directeur de l'école maternelle Jean Lurçat, qui venait de prendre ses fonctions et n'avait pas accompagné l'expérience, m'indiqua ne pas pouvoir m'aider, ni par des contacts ni par des informations ; d'ailleurs, précisa-t-il, il souhaitait « *écrire une nouvelle page de l'histoire de l'école* ». Dans l'Éducation nationale, et surtout dans le primaire, le poids de la hiérarchie est très prégnant. Lorsqu'une affaire devient potentiellement sensible, il n'est pas rare d'avoir à demander une autorisation préalable au rectorat pour pouvoir répondre aux questions des journalistes et même des chercheurs. Plus personne n'ignore Céline Alvarez, mais les emphases médiatiques à son propos sont peu compatibles avec la phobie de l'administration pour les vagues et les paillettes[11]. Il semblerait que les anciennes collègues de l'école Jean Lurçat n'aient pas obtenu l'autorisation d'un droit de réponse qu'elles souhaitaient donner à la suite de la promotion de l'ouvrage. Habituée des sciences sociales, je découvre ici une logique inversée : si le terrain s'est rendu plutôt rétif à mes questions, c'est au sommet que l'on m'a le plus aisément ouvert la porte. Du côté du ministère, d'abord, où j'ai été reçue par le directeur de cabinet actuel de Najat Vallaud Belkacem, Olivier Noblecourt, responsable des négociations récentes avec Céline Alvarez et fin connaisseur du projet, puis du côté d'Agir pour l'école, l'association à l'origine de la première évaluation du projet, où j'ai rencontré le directeur, Laurent Cros.

RENCONTRER DES TÉMOINS LOCAUX S'EST RÉVÉLÉ BEAUCOUP MOINS SIMPLE QUE PRÉVU.

Une expérience semi-privée dans le service public

L'ensemble des témoignages permet de relier les fils d'une aventure parfois éloignée de la *doxa* médiatique qui a repris en boucle le *storytelling* d'une école publique frileuse face à la révolution qui vient. Reprenons. En 2011, Céline Alvarez frappe à la porte du ministère et présente son projet de classe expérimentale. Jean-Michel Blanquer est alors à la tête de la Direction générale de l'enseignement scolaire (DGESCO). Ancien recteur de Guyane et de Créteil, il est un fervent soutien des expériences dites « innovantes », du numérique et surtout de la psychologie cognitive. Il voit dans cette dernière un remède aux difficultés d'apprentissage, notamment dans les milieux populaires qu'il a bien connus à Créteil, où il a mis en place un plan de maîtrise du français dans le premier degré. Une fois à la DGESCO, il nomme comme conseiller technique en 2010 Stanislas Dehaene, professeur au Collège de France en psychologie cognitive expérimentale, qui a travaillé sur l'apprentissage des mathématiques – *La Bosse des maths* (1997) – et de la lecture – *Les Neurones de la lecture* (2007). S. Dehaene est persuadé que les neurosciences sont le moyen de régler les problèmes d'apprentissage dans les petites classes. Ses ouvrages se présentent à la fois comme des diagnostics scientifiques tirés de l'imagerie cérébrale et comme des propositions de remédiation. J.-M. Blanquer et S. Dehaene se connaissent bien : tous deux sont auteurs chez Odile Jacob et J.-M. Blanquer milite pour l'intégration des travaux de S. Dehaene dans l'Éducation nationale, lequel travaille à l'élaboration d'outils à destination des enseignants [12]. Bref, J.-M. Blanquer s'enthousiasme pour le projet Alvarez et promet d'y apporter tout son soutien, notamment logistique.

L'AIDE MATÉRIELLE AU PROJET ALVAREZ A ÉTÉ LARGEMENT ASSURÉE PAR L'ASSOCIATION AGIR POUR L'ÉCOLE, ÉMANATION DE L'INSTITUT MONTAIGNE.

L'aide matérielle est rendue possible grâce à ses liens avec l'association Agir pour l'école, dont il est membre du comité directeur. Cette dernière est une association fondée en 2010 par Laurent Cros à l'initiative de l'Institut Montaigne, qui vient de publier un rapport intitulé « Vaincre l'échec à l'école primaire ». L'Institut Montaigne est né en 2000. S'il se veut indépendant, il a été fondé par Claude Bébéar, alors P.-D.G. des assurances AXA, et le parcours économique du « *parrain du patronat français* », comme ses proximités politiques – admirateur de Giscard et éphémère maire-adjoint de Rouen dans la perspective, vite avortée, de succéder à l'UDF Jean Lecanuet – désignent toutefois l'institut comme proche de la galaxie libérale. Fort d'un budget de près de trois millions d'euros, il ne vit que de financements privés. Le carnet des adhérents est impressionnant : Air France KLM, Allianz, Areva, Axa, Barclays Private Equity, Bolloré, Bouygues, Capgemini, Carrefour, CNP Assurances, Dassault, EADS, GE Money Bank, Groupama, HSBC France, Lazard Frères, LVMH, M6, Microsoft,

Orange, Rothschild Cie, Sanofi-Aventis, SFR, Schneider Electric, Servier Monde, SNCF, Sodexo, GDF, Total, Veolia, Vinci…

Sa profession de foi vise à « *améliorer la cohésion sociale, l'efficacité de l'action publique et la compétitivité de l'économie*[13] ». En tant que *think tank*, l'institut se présente comme une boîte à idées, finance des enquêtes, notamment sociologiques, et émet des avis. L'éducation fait partie de ses principaux axes, avec des positions relevant de la plus pure pensée libérale, à savoir l'individualisation de l'accompagnement, la valorisation des postures entrepreneuriales (détermination, volonté, encouragements au mérite) et la récompense des initiatives innovantes. L'imaginaire d'un centralisme étatique étouffant pour le déploiement des individualités constitue son fonds de commerce. On y trouve aussi bien des chefs d'entreprise que des hauts fonctionnaires ou des universitaire. La structure est tout à fait emblématique du brouillage des frontières entre public et privé.

Laurent Cros, le directeur d'Agir pour l'école est énarque, ancien haut fonctionnaire au Budget, où il fut chargé d'analyser des indicateurs du système éducatif, notamment Pisa ; l'occasion pour lui de mesurer l'ampleur de l'échec scolaire, surtout dans l'apprentissage de la lecture. En 2008, pour tenter de mieux comprendre, il décide de s'intéresser aux recherches en psychologie cognitive et de voir « *comment elles peuvent fertiliser l'Éducation nationale* », surtout « *au regard des dix ans d'avance des États-Unis* » dans ce domaine. L'association se tourne vers l'apprentissage de la lecture et développe des projets reposant sur une procédure de validation scientifique des modalités d'apprentissage. Pour se financer, Agir pour l'école touche des fonds publics[14], que Laurent Cros estime dérisoires au regard des besoins, et complète ces apports par des fondations et donateurs privés dont la liste se trouve sur son site : Axa, la Société générale, Total, Dassault, La ville du Puy-en-Velay (dont Laurent Wauquiez fut maire pendant huit ans, jusqu'en 2016), ou la fondation Bettencourt Schueller (très engagée dans les projets en direction des quartiers populaires). Grâce à cet argent, l'association paye intégralement l'équipement de la classe de Céline Alvarez en matériel Montessori à hauteur de 10 000 euros et s'engage à financer les évaluations scientifiques. Il faut également trouver une assistante, ATSEM (Agent territorial spécialisé des écoles maternelles), dont bénéficient les écoles maternelles. Cette dernière doit être formée aux techniques Montessori. Anna Bisch, « *autodidacte passionnée d'éducation* » (selon Céline Alvarez) accompagne le projet. Mais il y a un *hic* administratif et financier : le statut d'ATSEM est officiel et nécessite un concours. Il faut donc contourner le problème. D'après les témoins, A. Bisch est nommée assistante d'éducation dans un collège environnant puis, en arguant des partenariats de réseaux entre les collèges et les écoles, affectée à l'école maternelle Lurçat. Si c'est vrai, l'expérience Alvarez aurait été mise sur pied en prenant des libertés avec la légalité ; ce qui permettrait de mesurer la solidité de ses soutiens politiques, et de mieux comprendre la discrétion des élus locaux.

C'est ainsi qu'à la rentrée 2011, une classe expérimentale, cofinancée par des fonds privés, s'ouvre dans une école publique classique et commence à fonctionner de manière autarcique. En effet, le «*rayonnement*», la «*reliance*», l'«*amour*» et la «*fraternité*» semblent s'arrêter aux frontières de la classe. Il n'y a, aux dires des témoins, aucune relation professionnelle avec l'équipe pédagogique, très peu avec la directrice – pourtant personne pivot de l'établissement et préposée entre autres aux relations entre l'école et l'extérieur – et surtout avec les parents. Ces derniers ne sont d'ailleurs prévenus de l'expérience qu'à la rentrée. Certains sont sceptiques, d'autres s'enthousiasment immédiatement; rien que de très normal. Les horaires sont décalés: ni les récréations ni les repas ne sont partagés avec les membres de l'équipe. La sociabilité normale d'une école ne franchit donc pas la barrière de la classe-laboratoire. En revanche, les chercheurs défilent, traversent la cour sans même parfois saluer collègues et directrice, sans prévenir de leur arrivée non plus, ce qui, en sus d'être parfaitement impoli, s'avère illégal et agace à juste titre.

La première année, ces chercheurs se régalent. Ils ont des paillettes dans les yeux à chacune de leurs visites. Laurent Cros est formel: «*On est tous ressortis en se disant: c'est simple, ce qu'on a vu là, on ne l'a jamais vu ailleurs*[15].» Les mails emphatiques qu'il reçoit des visiteurs en témoignent: Céline Alvarez est une pédagogue unique. Stanislas Dehaene suit le projet et semble emballé. Naturellement, la première évaluation par Agir pour l'école est dithyrambique.

Dès le départ, Céline Alvarez a le souci de la restitution publique de cette expérience: un site, des outils de formation en partage, un ouvrage en préparation. On trouve d'ailleurs dans le livre les copiés-collés des mails enthousiastes envoyés par ses visiteurs-évaluateurs. Les vidéos en ligne attestent que des petits de quatre ans apprennent et réussissent à lire et à compter. L'expérience semble donc confirmer les préconisations de la psychologie cognitive en matière d'apprentissage des fondamentaux. D'ailleurs, les parents y témoignent du plaisir de leurs enfants à aller à l'école. Là encore, on retrouve dans leurs bouches le «*rêve*», l'«*idéal*», le «*bonheur*» et l'«*épanouissement*».

Transformer l'expérience, de la haute couture au prêt-à-porter?

Selon le personnel de l'école, la dernière année aurait posé davantage de problèmes aux parents, avec des demandes pour changer les enfants de classe. Quelques signes nous incitent en effet à relativiser le succès de l'expérience. Sur les vidéos en circulation, ce sont toujours les mêmes parents qui témoignent. Ils ne sont que huit, il en reste donc une quinzaine dont nous ne savons rien. Des rapports intermédiaires d'inspection, enterrés à l'époque par la hiérarchie, auraient été nettement moins laudatifs, selon les dires de certains témoins, mais ne sont évidemment pas consultables. Surtout, nous ignorons pour le moment le plus important, à savoir le devenir scolaire des enfants soumis à l'expérience. Dans son livre, Céline Alvarez affirme qu'ils sont en tête de classe. Quelques échos locaux semblent toutefois indiquer qu'à l'école

SELON LE PERSONNEL DE L'ÉCOLE, LA DERNIÈRE ANNÉE AURAIT POSÉ DAVANTAGE DE PROBLÈMES AUX PARENTS, AVEC DES DEMANDES POUR CHANGER LES ENFANTS DE CLASSE.

primaire, ils ne réussissent ni mieux ni moins bien que les autres. L'un de nos témoins évoque à ce propos l'idée d'un «*pic d'efficacité*» dû à un encadrement exceptionnel à un instant *t* mais qui ne se perpétue pas dans le parcours longitudinal des élèves réintégrés dans le système traditionnel.

C'est un phénomène assez souvent constaté lors de protocoles pédagogiques. La cohorte soumise à l'expérimentation bénéficie d'un intérêt tel que les premiers temps fournissent des résultats impressionnants. Les enfants sont surstimulés et conscients d'être inclus dans un protocole exceptionnel : que l'on imagine un instant vingt-cinq enfants isolés de leurs camarades dans la même école, sous l'autorité de deux maîtresses sans lien avec l'équipe pédagogique, soumis à des examens scientifiques (à base d'électrodes pour certains d'entre eux), observés régulièrement par des visiteurs qui écrivent, mesurent, photographient ou filment. C'est la raison pour laquelle, nous confirme Laurent Cros, aucune expérience scientifique, et encore moins pédagogique, ne peut se contenter d'un échantillon d'une vingtaine d'enfants sur une année. Le protocole devait d'ailleurs être confirmé par un élargissement du nombre d'élèves et de classes testés.

Il y a ainsi deux raisons qui expliquent l'arrêt de l'expérience. La première est l'absence d'évaluation autre que celle de la première année pilotée par Agir pour l'école, évaluation citée par Céline Alvarez mais ne figurant toutefois pas sur le site de l'association. Même Stanislas Dehaene, malgré son enthousiasme préalable, n'a pas signé de document attestant scientifiquement de son efficacité. La seconde relève de l'alternance politique : Céline Alvarez aurait «*péché par là où elle est arrivée*», concède Olivier Noblecourt, c'est-à-dire qu'elle aurait subi, comme d'autres, les conséquences d'un trop ostensible soutien du précédent gouvernement de droite, pressé d'expérimenter coûte que coûte, parfois au mépris de l'éthique du service public. Quoi qu'il en soit, le nouveau ministère de Vincent Peillon a argué de l'absence de garantie de l'efficacité du dispositif pour y mettre fin.

On touche ici l'un des points clés de cette affaire. Toute expérience pédagogique alternative doit être évaluée à l'aune de sa capacité de transposition et de sa durabilité, conditions mêmes de la formation des enseignants et d'une possible institutionnalisation. Or rien ne semblait indiquer l'opportunité, voire la possibilité, de l'inscription durable de ces pistes pédagogiques dans l'institution. Céline Alvarez pensait avoir réglé la question par la mise en ligne de vidéos-ressources, sorte de « tutoriels » visant à diffuser la méthode. Or c'est dans la confrontation avec l'ordinaire et le réel des classes, le « prêt-à-porter », qu'apparaissent de la manière la plus criante les limites de l'expérience

« haute couture » d'Alvarez. L'expression est de Laurent Cros, qui souligne son doute vis-à-vis de la possibilité de déconnexion entre la méthode préconisée, la personnalité singulière et les compétences pédagogiques rares de Céline Alvarez. Selon lui, tout tenait grâce à l'exceptionnalité de cette dernière.

Nos différents témoins vont d'ailleurs jusqu'à supposer que le coup d'arrêt porté à l'expérience n'a pas été une si grande blessure pour Céline Alvarez. Plusieurs propositions lui auraient été faites de reprendre ailleurs son expérimentation, ou encore de s'intégrer à un protocole plus lourd (mais long), mais elle semble avoir décliné ces propositions. Manifestement, l'intéressée privilégie aujourd'hui des projets plus ambitieux tournés vers l'« *ensemble de l'humanité* », projets imprégnés par les techniques de la « pleine conscience », de la gestion des émotions et de la méditation. En octobre 2016, elle intervenait par exemple dans un cycle de conférences d'« auteurs inspirants », mais fort peu inspirés si l'on s'en tient aux titres des interventions : « Bien faire et se tenir en joie », « Pourquoi je n'arrive pas à méditer », « Oser réussir, accepter l'échec », « La puissance de la joie » ou encore « On a tous des super-pouvoirs »[16].

Céline Alvarez « *a ouvert une voie comme en escalade* », s'amuse Olivier Noblecourt, et, lorsque l'« infiltration » est arrivée à son terme, elle s'était déjà tournée vers d'autres cieux. « *Elle ne s'est jamais considérée comme une enseignante mais comme une chercheuse* », me confie un collègue de son ancienne école. Le livre a donc ponctué le premier jalon d'un parcours tourné vers la mission plus vaste d'œuvrer pour le « *bonheur* » et l'« *amour* ». Il y a bien dans cette expérience une coloration mystique à peine masquée par l'austérité du langage des neurosciences. Les moments de communion – des « transes », diront certains – lors de ses conférences (à 180 euros par tête) en témoignent. En ligne, on peut voir des *standing ovations* interminables, des déclarations d'amour et tout un phénomène d'adoration qui s'étend aux réseaux sociaux et au forum accessible sur le site – lequel confine parfois à la thérapie de groupe.

IL Y A BIEN DANS CETTE EXPÉRIENCE UNE COLORATION MYSTIQUE À PEINE MASQUÉE PAR L'AUSTÉRITÉ DU LANGAGE DES NEUROSCIENCES.

Tout l'aspect *new age* du projet n'était manifestement pas apparu à ses premiers soutiens, qui se sont fortement distanciés de cette expérience et considèrent désormais avec méfiance le travail de Céline Alvarez. Il faut chercher ailleurs les origines de l'intérêt de Jean-Marie Blanquer ou de Laurent Cros pour ces initiatives. Le cocktail Montessori-neurosciences est l'objet, depuis quelques années, d'un appétit dévorant de certains milieux. En retracer les logiques et rouages permet de mesurer les effets parfois pernicieux de l'engouement pour l'« innovation éducative » et les dangers qu'il représente pour l'école publique. À son corps défendant, ou pas, Céline Alvarez s'est également trouvée au cœur d'opportunités potentiellement fort lucratives.

Montessori, une pédagogie « business compatible »

En mars 2016, l'Institut Montaigne publiait un rapport visant à valoriser les atouts du numérique dès l'école primaire, grâce notamment à la pédagogie différenciée et à l'individualisation de l'apprentissage [17]. La méthode Montessori y est citée comme la mieux adaptée à un tel projet. Le rapport évoque également les écoles Steve Jobs aux Pays-Bas comme source de son inspiration [18]. Ce sont des écoles indépendantes, privées, créées en 2013 par un entrepreneur hollandais et dans lesquelles chaque élève est propriétaire d'une tablette iPad ; la pédagogie qui y est dispensée est aussi « *largement inspirée du modèle Montessori* ». Les enseignants sont des « *coachs* » qui organisent des ateliers de travail. Les tablettes se substituent aux objets Montessori. Les similitudes avec ce qu'écrit Céline Alvarez sont criantes : ce sont des écoles où l'on apprend l'« *épanouissement* », la « *créativité* », l'« *originalité* » et la « *flexibilité* », car, comme l'affirme en ouverture le site qui leur est consacré, « *As a parent you hope that your child will become happy in life* » (« En tant que parent, vous espérez que votre enfant sera heureux dans la vie » ») [19].

C'est aussi sur ces bases que l'association Agir pour l'école développe ses projets d'apprentissage de la lecture. Les classes sont progressivement équipées en iPad, m'explique Laurent Cros, et l'association a breveté une application Apple destinée à « *muscler le temps d'exposition* » aux lettres et aux sons associés, comme le préconise la psychologie cognitive. L'une des lacunes du système traditionnel étant le manque de temps, l'application a été conçue pour pallier ce problème. Des assistants pédagogiques sont recrutés, formés (en deux heures !) et rémunérés par l'association pour accompagner les projets dans les écoles (publiques pour le moment). Il est fort probable que l'intérêt préalable pour l'expérience Alvarez et son soutien financier s'expliquent en partie par ces perspectives de développement et d'exploitation. C'est en tout cas ce que semble confirmer la création par l'Institut Montaigne, en décembre 2015, du projet ECLORE, dans le comité directeur duquel siègent notamment Jean-Michel Blanquer, Laurent Cros et Stanislas Dehaene [20]. Ce projet, dont l'objectif est d'« *améliorer la qualité de l'école primaire en France* » et d'accompagner les écoles des quartiers défavorisés souhaitant mettre en œuvre un projet éducatif de type Montessori, a en effet été proposé à Céline Alvarez. Mais celle-ci, tournée vers une mission de plus grande envergure, a refusé de l'accompagner. Il semble que ce projet ait aujourd'hui purement et simplement disparu des radars.

Derrière le soutien privé à ce type d'expérimentation se joue rien de moins que l'avenir du service public de l'école. Les porosités désormais décomplexées avec le monde de l'entreprise, *via* le « tout numérique », et les usages néolibéraux des pédagogies alternatives bénéficient de la caution scientifique apportée par la psychologie cognitive et les neurosciences. L'expérience Alvarez a rencontré l'appétit grandissant des multiples associations qui se nourrissent des échecs de l'école publique et dont les projets mélangent allègrement philanthropie et quête du profit. Le processus avait déjà été décrit par les travaux sur la marchandisation de l'école mais semble s'amplifier[21].

Derrière l'épanouissement individuel, la disparition de la question sociale

L'expérience Alvarez partait du constat fort légitime d'une école impuissante à renverser les mécanismes de production d'échec. C'est ce même moteur qui a poussé, selon leurs dires, l'Institut Montaigne puis l'association Agir pour l'école à développer des protocoles scientifiques fondés sur les technologies numériques pour l'apprentissage de la lecture. Ces projets, rappelons-le, s'adressent prioritairement aux enfants des catégories populaires les plus touchées par ces injustices. Chez Céline Alvarez, l'« *environnement* » est à la base de tous les maux. On ne trouvera dans son ouvrage aucune mention de « capital culturel » ou expressions afférentes. Les trajectoires sociales des familles et enfants ne sont pas non plus mentionnées. Le postulat est le suivant : dans un environnement pauvre, le cerveau n'est pas stimulé autant que dans un environnement favorisé. Il est soumis au stress, à l'absence d'amour, aux écrans, au vocabulaire rudimentaire des parents. L'expérience menée vise à compenser des problèmes décrits comme des pathologies.

Cette lecture du social souvent caricaturale et disqualifiante permet de mobiliser un registre quasi médical (Maria Montessori était médecin) pour soigner les enfants de ce milieu hostile et défavorable à leur épanouissement et leur réussite. Il faut, dit-elle, « *construire l'environnement le plus physiologique possible pour l'être humain dans les années les plus déterminantes de sa vie pour la formation de son intelligence pour qu'il puisse déployer ses pleins potentiels*[22] ». Cet environnement passe par des « *grands principes* » : « *relation sociale* », « *bienveillance* », « *attention* », « *engagement* », « *consolidation* » « *feedback* »[23]. Les solutions sont à chercher du côté de la science. C'est évident, rappelle Céline Alvarez : lors de la « *création de l'école* » (*sic*), on ignorait toutes ces données scientifiques ; désormais, on ne peut refonder l'école que sur ces bases, les seules concluantes, et à condition « *d'arrêter les débats idéologiques sur l'éducation* » affirme-t-elle sur France Inter le 31 août 2016.

La formule est savoureuse : rien d'« idéologique » dans la démarche de Céline Alvarez ? *Exit* le financement privé d'une expérience dans le public, *exit* les démarches assumées d'« infiltration » auprès de l'Éducation nationale, *exit* la stimulation d'aptitudes précoces des enfants et le partenariat avec l'Institut Montaigne, *exit* la critique en creux de l'école publique, dont Céline Alvarez affirme aujourd'hui être « *soulagée d'être débarrassée*[24] », *exit*, enfin, la création d'un petit business florissant autour d'un site, d'un forum, de tutoriels et de conférences payantes ? On voit bien qu'ici, la fausse neutralité n'est en fait qu'un argument visant à faire accepter comme irréfutable une expérimentation assise sur la science. On retrouve là un débat très ancien, y compris dans la pédagogie.

Dès sa fondation au début du XXe siècle, la ligue internationale d'éducation nouvelle était traversée par ces lignes de fracture. Le pédagogue Célestin Freinet, anarcho-syndicaliste, y reprochait à Maria Montessori les prétentions apolitiques que lui autorisait la mise en avant de la dimension scientifique de son travail. Il ne se trompait pas. On dispose aujourd'hui d'une lettre de Maria Montessori à Mussolini qui, souhaitant maintenir ouverte son école, expliquait au Duce en quoi sa pédagogie était fascisto-compatible [25]… Les neurosciences n'échappent pas aux règles de toutes les autres sciences, à savoir leur ancrage dans un monde social qui détermine objets d'étude et protocoles afférents. Il n'y a rien d'apolitique derrière, loin s'en faut. Car la réussite de tous les enfants n'est pas qu'affaire d'électrodes, d'« environnement physiologique » ou d'iPad, elle est essentiellement indexée à une redistribution plus équitable des richesses, ce dont il n'est nullement question dans ces projets alternatifs qui, en escamotant la question sociale, véhiculent une vision très politique de l'école.

1. http://urlz.fr/4Bjp.
2. https://www.celinealvarez.org/17-videos-pour-demarrer.
3. Toutes les citations sont tirées de son ouvrage.
4. La « reliance sociale » est un concept élaboré par des chercheurs dans les années 1950, qui désigne les liens concrets et symboliques avec une communauté et la lutte contre l'isolement.
5. https://www.celinealvarez.org/temoignages-des-parents.
6. Discours sur la mise en œuvre de la Grande École du numérique, 17 septembre 2015 : http://urlz.fr/4Bjt.
7. Conseil national de l'innovation pour la réussite éducative, créé en 2013.
8. http://urlz.fr/4Bju, consulté le 15 décembre 2016.
9. Adèle Diamond est chercheuse en neurosciences à l'université de médecine de la British Columbia (Vancouver), elle est spécialiste des enfants et adolescents, et des activités du cortex préfrontal. À en croire l'une de ses pages de présentation, elle aurait (modestement) « *amélioré la vie de millions d'enfants* » : http://www.devcogneuro.com/adeleDiamond.html, consulté le 15 décembre 2016. Elle n'a jamais répondu à mes mails.
10. Réponse par mail à ma demande d'entretien, 23 novembre 2016.
11. Comme en témoigne ce pudique titre du *Huffington Post* : « Céline Alvarez, la rockstar de la maternelle », 31 août 2015.
12. Voir http://urlz.fr/4BlQ, 2010 ; ainsi que son dernier ouvrage, J.-M. Blanquer, *L'École de demain*, Odile Jacob, Paris, 2016. Depuis 2014, Stanislas Dehaene est à l'origine d'un site destiné aux enseignants – Mon cerveau à l'école (moncerveaualecole. com) qui leur fournit des outils de travail.
13. http://www.institutmontaigne.org/fr/institut.
14. *Via* le projet « La France s'engage », mis en place par le ministère de la Ville, de la Jeunesse et des Sports.
15. Il nomme alors quelques chercheurs qui vont observer l'expérience : Catherine Billard, pédopsychiatre, Michel Fayol, chercheur en psychologie sociale et cognitive, Stanislas Dehaene et Liliane Borel, chercheur.se en neurosciences.
16. http://www.rencontres-perspectives.fr/rencontres-passees.htm, ou encore dans le cadre de cette organisation qui l'a invitée à plusieurs reprises : https://www.emergences.org/pages/lassociation.
17. « Le numérique pour réussir dès l'école primaire » : http://urlz.fr/4ALa.
18. *Ibid.*, p. 80.
19. stevejobsschool.world.
20. Les informations figurent dans une offre d'emploi pour un chef de projet publiée sur la page Facebook de l'Institut Montaigne le 15 janvier 2016.
21. Voir C. Laval, *L'école n'est pas une entreprise. Le néo-libéralisme à l'assaut de l'enseignement public*, La Découverte, Paris, 2004.
22. https://www.celinealvarez.org/17-videos-pour-demarrer.
23. http://urlz.fr/4BmG.
24. Lors de sa présentation à la librairie de son futur éditeur, Les Arènes, au 27, rue Jacob, à Paris, le 20 janvier 2016.
25. Voir le film de J. Grundzinska, *Révolution école (1918-1939). Les ambitions brisées de l'éducation nouvelle*, 2012.

FRANK ZAPPA, ANTIDOTE À NOTRE TEMPS

Esthétique et politique d'un vrai-faux hippie

PAR JEAN-PIERRE FILIU

Le prix Nobel de littérature attribué à Bob Dylan a rappelé que les chanteurs et les musiciens étaient aussi des poètes et des intellectuels. Mais c'est sans doute Frank Zappa, pourtant mort en 1993, qui pourrait incarner la figure musicale la plus susceptible de déciller et percuter notre XXIe siècle aussi violent qu'hypocrite. Son parcours très spécifique au sein du rock américain l'a constamment amené à coupler un engagement musical inédit où l'improvisation était érigée en processus de recherche artistique à une indépendance farouche vis-à-vis des circuits économiques dominants de la musique et une guerre parfois outrancière menée contre les « bonnes mœurs » américaines. L'ensemble dessine une politique et une esthétique au vitriol, où la précision et la brutalité, l'invention et la sévérité se nourrissent mutuellement au rythme de la guitare.

Prague, janvier 1990. L'ancien dissident Vaclav Havel vient d'être porté par la « révolution de velours » à la présidence de la Tchécoslovaquie. La chute du mur de Berlin marque le début de l'effondrement du système soviétique. Dan Quayle, l'adjoint de George Bush père à la Maison Blanche, est attendu à Prague à la tête d'une délégation politico-industrielle de haut niveau. Une icône de la contre-culture américaine va pourtant lui brûler la politesse.

Frank Zappa est accueilli par plus de cinq mille personnes venues spontanément à l'aéroport de Prague. Il n'y a aucun service de sécurité, l'ambiance est joviale, souriante. Havel rappelle à la presse que le musicien « *était un des dieux du mouvement underground tchèque, à l'époque de notre complet isolement* ». Le groupe de rock Plastic People of the Universe, un des fers de lance de la contestation, avait ainsi tiré son nom d'une chanson de Zappa, dénonçant dès 1967 le conditionnement sous toutes ses formes. Pour l'artiste américain, la « *révolution de velours* » est « *une sorte de miracle* ». Cela fait déjà un an qu'il explore en URSS même les moyens de ne pas sacrifier les richesses culturelles de l'ex-bloc soviétique à un ultralibéralisme débridé : « *Il n'y a qu'une chose pire que d'être exploité par ces experts financiers : c'est l'évangélisation missionnaire. Ce sont les deux pires actes anticulturels qu'une nation puisse infliger à une autre.* » Homme d'affaires expérimenté, à défaut d'être prospère, Zappa rêve que les créateurs de l'Est puissent breveter le fruit de leur travail à l'Ouest sans être pour autant dépouillés.

LE MUSICIEN « *ÉTAIT UN DES DIEUX DU MOUVEMENT UNDERGROUND TCHÈQUE* »

Ce discours fait mouche auprès de Havel. Zappa est officiellement mandaté par le gouvernement tchécoslovaque pour le conseiller en matière d'investissements alternatifs. Le vice-président Quayle reporte *sine die* sa visite à Prague, où James Baker, secrétaire au Trésor, exprime peu après l'exaspération de l'administration Bush : « *Vous ne pouvez pas traiter avec l'Amérique et avec Frank Zappa à la fois. Il vous faut choisir.* » La mission de conseil de Zappa tourne court. Mais il est de retour à Prague en juin 1991, invité par Havel à participer aux célébrations du départ des dernières troupes soviétiques du pays. Zappa clôt son solo électrique, ce soir-là, par cette simple mise en garde : « *Essayez de conserver votre identité. N'en faites pas quelque chose d'autre. Gardez votre identité.* » Le cancer qui va l'emporter deux ans plus tard le ronge déjà, sans rien entamer de sa lucidité. Alors que la fin de la guerre froide alimente les attentes les plus folles, Zappa ne craint rien de moins qu'une « évangélisation » moderne, menée au nom d'un capitalisme sauvage.

Une telle indignation n'est pas nouvelle chez Zappa. Pas plus que ses duels incessants avec le « politiquement correct », que sa guérilla opiniâtre contre la droite religieuse et les télévangélistes, que son refus catégorique d'une « contre-culture » formatée. Il mène certaines de ces querelles au-delà du raisonnable, pilonnant bien au-delà de sa cible. Il brocarde les « musiciens engagés ». Il s'engage en tant que musicien, avec quelques idées fortes, toujours dignes d'être méditées en ce siècle.

Un vrai-faux hippie

Les longs cheveux de Zappa, ses pantalons pattes d'éléphant et ses chemises aussi colorées que largement ouvertes ont souvent amené à l'associer à San Francisco et à son « été de l'amour » en 1967. Rien n'est plus éloigné de la réalité d'un fils d'immigrés siciliens, né à Baltimore en 1940 et élevé dans une dizaine de villes différentes, au gré des contrats d'un père aussi instable qu'impécunieux. Inutile de chercher très loin la passion presque maniaque qu'a développée Frank à contrôler sa vie et son œuvre. Le foyer Zappa jette plus ou moins l'ancre dans le sud de la Californie, entre le désert Mojave, la baie de San Diego et les canyons de Los Angeles. Frank se nourrit adolescent d'une diète contrastée mêlant Rythm and Blues et… musique sérielle. Il est fasciné par Edgard Varèse et son « Ionisation », morceau composé en 1931 pour treize percussionnistes et trente-sept instruments. Le cadeau d'anniversaire de ses seize ans consiste en cinq dollars d'appel longue distance pour Varèse, alors installé à New York.

> **« *VOUS NE POUVEZ PAS TRAITER AVEC L'AMÉRIQUE ET AVEC FRANK ZAPPA À LA FOIS. IL VOUS FAUT CHOISIR.* »**

Un moment tenté par la batterie, Zappa se rabat sur la guitare avec une compulsion d'autodidacte. Il rencontre Don Vliet, qui ne s'appelle pas encore Captain Beefheart, et ils passent les trop longues journées du désert californien à jouer et jouer encore. Zappa enchaîne comme tant d'autres les formations du samedi soir, avec une prédilection pour le doo-wop, la version la plus sirupeuse du R&B. Il rendra hommage à cette période dans Ruben and the Jets, où il arbore costard-cravate, regard de jais et coupe gominée de *latin lover*. C'est avec ce style qu'il fait ses débuts télévisés en mars 1963. Sa « Cyclophony » pour pédales et chaîne de vélo choque par son absurde prétention à être du « jazz » dans un programme plutôt familial. C'est peu de dire que Zappa cherche sa voie, même s'il sait désormais où jouer : dans les cabarets du Strip de Los Angeles. Le mauvais goût y est tel qu'il faut en rajouter dans l'excès pour percer. Cela s'appelle être un freak, une « bête curieuse ». Un groupe se consolide autour de Zappa. Promu lors de la fête des mères de 1965, il se baptise Mothers of Invention (*mothers* tout cru sous-entendant l'insulte).

Les émeutes qui dévastent le quartier afro-américain de Watts, à Los Angeles en août 1965, font trente-quatre morts, dont trente et un tués par les forces de l'ordre. Zappa évoque dans son « Trouble everyday » les « *flics jetant des pierres* », ce qui lui vaut un contrôle en règle du FBI. Le morceau sort en juin 1966 sur le double album *Freak Out*, un flop commercial que rattrape un an plus tard *Absolutely free*. Zappa enfoncera le clou avec un disque parodiant en couverture le *Sergeant Pepper's* des Beatles et intitulé *We're Only in It for the Money* (*Nous ne sommes là que pour faire de l'argent*). Zappa déboule ainsi dans l'ère acidulée du *Peace and Love* avec les couleurs claquant au vent. Il sera un *freak*, un monstre ingérable, et non un gentil hippie, la fleur au poing. Ses mamans seront celles de l'outrage, du scandale et de l'invention. Et le fric, oui le fric, assumé sur fond d'« invasion » de la pop britannique et d'explosion psychédélique dans les hit-parades. Mais le fric pour faire de la musique. Là où ses contemporains « alternatifs » se lient les poings et les pieds chez de madrés producteurs, Zappa construit avec méthode la base financière de son indépendance créatrice.

ZAPPA CONSTRUIT AVEC MÉTHODE LA BASE FINANCIÈRE DE SON INDÉPENDANCE CRÉATRICE.

Frank et Jimi

« Like a rolling stone », chanson lancée par Bob Dylan en août 1965, a fait basculer la vocation de deux artistes. Jimi Hendrix a compris que, si l'on pouvait chanter cela avec une voix pareille, alors même lui pourrait chanter. Zappa a cru tout arrêter, car tout était dit et, comme le monde a continué de tourner, il a saisi que même ses Mothers y auraient droit de cité. Frank et Jimi se sont plus tard retrouvés en *freaks* d'élection, partageant la même passion pour les infinies distorsions de la guitare électrique. Zappa sèche les deux grands festivals mythiques de Monterey en 1967 et de Woodstock en 1969. Mais il renoue avec Hendrix à l'occasion du Miami Pop Festival de mai 1968. Loin de la scène, une fois leurs performances échues, les deux artistes improvisent longuement ensemble, conviant même John Lee Hooker à leurs agapes. Des bandes rivales se bastonnent alors pour s'approprier la caisse des concerts, en image trop crue de ce que le rock était en train de devenir.

FRANK ET JIMI SE SONT PLUS TARD RETROUVÉS EN *FREAKS* D'ÉLECTION, PARTAGEANT LA MÊME PASSION POUR LES INFINIES DISTORSIONS DE LA GUITARE ÉLECTRIQUE.

C'est l'époque où Hendrix, lui-même ancien parachutiste, dédie son « Machine Gun » aux « *soldats qui se battent au Vietnam* ». Quant à Zappa, il invite sur scène, à New York, trois *marines* en uniforme. Il les fait littéralement entrer en transe électrique. Et il leur jette une poupée en hurlant que c'est un bébé vietcong. Un des *marines* réduit la poupée en charpie. Le public, venu pour se divertir, est en état de choc. Ce genre de *happening* est critiqué avec autant de virulence par les pacifistes que par les tenants de l'ordre établi. L'improvisation demeure pourtant la clef de la composition, pour Hendrix parce qu'il ne sait pas lire une partition, pour Zappa afin de repousser les limites de la création. Aux yeux de l'un comme de l'autre, les solos de guitare en cascade ne sont pas du luxe, ils représentent l'essence même de leur art. D'où leur délectation à s'investir à fonds perdus et à se claquemurer, Jimi dans le studio new-yorkais de l'Electric Lady, Frank dans sa retraite de Laurel Canyon.

Hendrix et Zappa ont aussi en commun la même tendresse pour les groupies, ces *adelitas* du rock. Frank accueille à Laurel Canyon les Girls Together Outrageously (GTO) et il parraine leurs frasques. Il va jusqu'à financer les créations de Cynthia « Plaster Caster », spécialisée dans le moulage des sexes de stars. Jimi se prête à l'exercice, tandis que Frank s'abstient. Car les délires de Zappa ne sont pas dans l'air du temps. Alice Cooper le qualifie de « *rigide à en être choquant* ». Un de ses musiciens juge que « *Zappa préfère la perfection au sentiment* ». Frank n'aura fumé qu'une dizaine de joints durant toute sa vie et n'ira jamais au-delà, même si sa consommation de café et de nicotine ressort de l'addiction. Quant à Pauline Butcher, sa secrétaire personnelle, rencontrée à Londres, elle n'aura à se plaindre d'aucun débordement durant ses longues années auprès de Zappa.

Frank le « *control freak* » lance une série de contre-feux en direction de sa maison de disques Warner. Leurs noms de potaches (*Bizarre*, *Straight* ou *Intercontinental Absurdities*) dissimulent mal un authentique projet d'émancipation. En octobre 1969, Captain Beefheart, mais aussi le violoniste Jean-Luc Ponty contribuent à *Hot Rats*, parfois qualifié de premier disque de jazz-rock (un des morceaux dure près de dix-sept minutes). L'étape suivante est marquée du sceau de l'inélégance : Zappa se débarrasse de ses musiciens, à l'exception d'Ian Underwood aux claviers, tout en conservant le nom de Mothers of Invention pour le groupe qui l'accompagnera encore quelques années. En octobre 1970, la mutation est achevée avec *Chunga's Revenge*, le onzième album de Zappa, qui, tout comme *Hot Rats*, lui est exclusivement accrédité. Hendrix, disparu juste auparavant, laisse quatre albums à son nom. Frank aura désormais dans son studio californien, posé sur un chevalet, un portrait peint à l'huile de Jimi.

Un chef d'orchestre accompli

La décennie 1970 est d'une exceptionnelle créativité pour Zappa. Elle s'ouvre pourtant par deux coups qui en auraient terrassé d'autres. Un incendie éclate au casino de Montreux en plein concert, en décembre 1971, et le sang-froid de Zappa sur scène n'arrive pas à enrayer la panique du public. Tout l'équipement musical est détruit dans le sinistre qu'immortaliseront les hard-rockeurs de Deep Purple avec « Smoke on the Water ». Quelques jours plus tard, à Londres, un spectateur se jette sur Zappa et le précipite dans la fosse d'orchestre. L'agresseur prétendra s'être ainsi vengé de la passion de sa petite amie pour l'artiste. Réduit à être une momie sous bandages, avec un seul espace pour les yeux, Zappa souffre de multiples fractures. Il est coincé sur une chaise roulante pour de longs mois. Sa voix baisse d'une demi-octave. Il ne cesse pourtant de composer durant sa douloureuse convalescence.

Dans la rafale d'albums-concepts qui se succèdent alors, on en signalera arbitrairement trois. *Apostrophe*, en 1974, avec sa charge au vitriol contre les gourous et leurs « *détritus cosmiques* », conclue par une méditation philosophique du « chien Fido ». *Bongo Fury*, marqué en 1975 par les retrouvailles au Texas avec Captain Beefheart et par l'invention délirante de l'« *Homme-Muffin* ». *Zoot Allures*, anglicisation de « Zut alors », qui propulse en 1976 le « Disco Boy » vers son « *suicide social* ».

Zappa ne circule plus sans son garde du corps personnel, le monumental John Smothers, qu'il convie parfois à chanter sur scène, en lui soufflant les paroles

ZAPPA NE CIRCULE PLUS SANS SON GARDE DU CORPS PERSONNEL, LE MONUMENTAL JOHN SMOTHERS, QU'IL CONVIE PARFOIS À CHANTER SUR SCÈNE.

à l'oreille. Mais cette séquelle de l'agression londonienne ne ralentit en rien le rythme hallucinant des tournées, avec le « record » d'un jour sur deux en 1973. C'est dans ce rapport au public que Zappa ajuste son équilibre entre discipline et improvisation. La complexité de ses compositions l'amène de plus en plus souvent à diriger son groupe tel un chef d'orchestre, battant la mesure sur des rythmes improbables.

Les auditions d'embauche par Zappa impressionnent les vétérans par leur rigueur. Et les musiciens ainsi sélectionnés peuvent être renvoyés du jour au lendemain en cas de dérapage stupéfiant. Un carcan aussi rigide explique cependant la virtuosité des compagnons de Zappa. On citera notamment Terry Bozzio à la batterie, Napoleon Murphy Brock au saxophone, Patrick O'Hearn à la basse, Ruth Underwood aux percussions, Bruce Fowler au trombone, George Duke aux claviers. Le « petit dernier », Steve Vai, est recruté à dix-huit ans pour transcrire les arborescences instrumentales de Zappa, avant d'intégrer sa formation comme guitariste. Les incursions de Zappa dans un autre art que le sien sont en revanche bien dispensables. Le film *200 Motels*, sorti en 1971, vaut surtout pour les pitreries de Ringo Starr ou de Keith Moon. Les expériences postérieures de Zappa en animation sur pâte à modeler, selon le procédé dit « claymotion », ne sont pas plus convaincantes. La participation du Royal Philharmonic de Londres à la bande-son de *200 Motels* ouvre néanmoins à Zappa un nouvel horizon musical : il n'hésitera plus à faire jouer « sérieusement » ses propres compositions par un orchestre « classique ».

Haro sur les télévangélistes

L'accession de Ronald Reagan à la Maison Blanche, en janvier 1981, marque un sérieux coup de barre à droite. Reagan, ancien acteur, surtout de westerns, à Hollywood, a déjà été gouverneur de Californie, où Zappa a pu mesurer l'influence exercée sur lui par des prédicateurs aussi réactionnaires que médiatiques.

Pat Robertson dirige ainsi le Christian Baptist Network, fort de dizaines de chaînes radiotélévisées, et une université apparentée. Jerry Falwell et sa Liberty Christian Academy animent la « Majorité morale », un groupe de pression politique violemment hostile à l'avortement. Billy Graham, après avoir été très proche de Nixon, continue de marteler qu'« *au paradis, il n'y a pas de syndicat* ». Enfin, Jimmy Swaggart est l'étoile montante des Assemblées de Dieu, où son gospel chaloupé ravit les fidèles.

Tous ces télévangélistes ont désormais un accès direct au président Reagan, qui épouse tellement leur vision du monde qu'il évoquera plusieurs fois publiquement l'Armageddon, non sans qualifier l'URSS d'« *Empire du mal* ». Cette nouvelle guerre froide, alors même que la réalité de la menace soviétique est de plus en plus mise en doute, va amener Zappa à produire, en septembre 1981, son disque le plus engagé. Certes, avec *Trouble every day* sur les émeutes de Watts, ou *I'm the slime* contre le conditionnement audiovisuel, Zappa n'avait jamais caché ses convictions progressistes. Mais le double-album-concept *You are what you is* est un véritable manifeste athée et un procès sans appel contre les *Born again*. Les paroles s'enchaînent en rafales provocatrices. « *Mange ce porc, mange ce jambon, rigole à en étouffer Billy Graham, Moïse, Aaron et Abraham, c'est juste une perte de temps, car c'est bien de ton cul qu'il s'agit* » (« The Meek shall inherit nothing »). « *Vous ne pouvez pas gérer un pays par un livre religieux ni par un tas, un morceau, un brin de règles stupides tellement datées pour vous faire sentir grand quand vous brisez, embrochez, mutilez ces infidèles de l'État voisin* » (« Dumb all over »).

ZAPPA CONCLUT CE MORCEAU EN PUBLIC PAR UN VIBRANT APPEL À « FAIRE PAYER L'IMPÔT AUX ÉGLISES ET AUX ENTREPRISES DÉTENUES PAR LES ÉGLISES ».

« Heavenly Bank Account » culmine avec son portrait d'un télévangéliste multimillionnaire doté d'un avion privé et de sept limousines : « *Il reçoit l'aide présidentielle à sa guise et les gouverneurs s'accordent à le trouver sympa, car il leur rend plus facile de vous enfiler, vous, oui vous.* » Zappa conclut désormais ce morceau en public par un vibrant appel à « *faire payer l'impôt aux Églises et aux entreprises détenues par les Églises* ». Il célébrera ensuite dans ses concerts la mise en examen de Swaggart, interpellé à La Nouvelle-Orléans en compagnie d'une prostituée. Il offrira même plus tard à Sting une revanche musicale sur le prêcheur indigne, qui avait osé qualifier de « *satanique* » une chanson de Police. Mais la hargne de Zappa n'est pas restreinte aux télévangélistes. Dans « Cocaine decisions », il stigmatise les requins de Wall Street ou d'Hollywood qui, sous l'emprise de la drogue, « *affectent ma vie de telle façon que j'en ai la haine chaque minute* ». En outre, il offre à son public la possibilité de s'inscrire sur les listes électorales, dans un pays où l'abstention fait des ravages.

Zappa ne lâche rien de son indépendance. Ses exigences multiformes ont beau alourdir le coût de ses tournées, il persiste à refuser tout sponsor commercial. Car il tire de ses enregistrements publics des compilations patiemment constituées, renouvelant ainsi de fond en comble l'approche de son répertoire. Zappa s'accorde une moyenne de huit improvisations en solo par spectacle. Il affirme être « *un compositeur qui, au lieu d'un crayon, utilise une guitare* ». Il ose par ailleurs inclure dans ses concerts des versions électrifiées de Stravinsky ou de Ravel. Il enregistre même des morceaux d'un obscur homonyme, Francesco Zappa, violoncelliste à Milan deux siècles plus tôt. La consécration artistique arrive avec la reconnaissance de Zappa l'intransigeant par le « classique » Kent Nagano (qui dirige ses œuvres pour le London Symphonic Orchestra en janvier 1983) et le « contemporain » Pierre Boulez (dont l'IRCAM interprète ses compositions au Théâtre de la Ville de Paris en janvier 1984).

Libertés d'opinion

Depuis l'interdiction de jouer *200 Motels* à l'Albert Hall pour « *obscénité* » en 1971 jusqu'aux accusations d'antisémitisme portées contre lui par l'Anti-Defamation League (ADL) en 1979, Zappa n'a jamais craint de choquer : « Dina-Moe Humm » est une impitoyable charge contre la sexualité féminine (rehaussée, il est vrai, par la voix de Tina Turner) et « Bobby Brown » recycle les pires clichés sur les gays (Zappa se réjouissait que ce morceau soit devenu un slow populaire en Scandinavie, où personne ne prêtait attention aux paroles). Mais c'est une polémique bien plus acharnée que Zappa va déclencher en 1985 en s'opposant catégoriquement aux tenants du « politiquement correct ». Tipper Gore, épouse du futur vice-président Al Gore (alors sénateur démocrate du Tennessee), se dit horrifiée par les références à la masturbation que contient le disque de Prince *Purple Rain*. Avec d'autres épouses de politiciens puissants, elle fonde le Parents' Music Resource Center (PRMC) qui, au nom de la protection de l'innocence enfantine, exige le signalement des contenus éventuellement « choquants » de chaque disque.

C'EST UNE POLÉMIQUE BIEN PLUS ACHARNÉE QUE ZAPPA VA DÉCLENCHER EN 1985 EN S'OPPOSANT CATÉGORIQUEMENT AUX TENANTS DU « POLITIQUEMENT CORRECT ».

Alors que les artistes mis en cause, Prince en tête, font profil bas, Zappa obtient d'être auditionné au Congrès. Il y accuse le PRMC de prôner « *un traitement antipelliculaire par décapitation* ». De promouvoir une « *mauvaise anthologie d'absurdités, incapables d'apporter de réels bienfaits aux enfants* » et contraires « *aux libertés individuelles de ceux qui ne sont plus des enfants* ». Il martèle devant une commission sénatoriale sidérée que « *la masturbation n'est pas illégale* ».

Zappa diffuse son disque suivant, dédié aux « Mothers of Prevention », avec un autocollant : « *Cet album contient des chansons qu'une société vraiment libre ne devrait ni redouter ni tenter de supprimer.* » Il continue de ferrailler contre les tentations de censure durant les années suivantes, même s'il ne parvient pas à empêcher l'apposition d'un « avertissement parental » sur les albums aux « paroles explicites ». Cela achève de convaincre Zappa de l'opportunisme foncier de l'industrie du disque, qui détourne cet « avertissement » en instrument de promotion par le scandale. Il préfère désormais s'investir, à chaque fois que possible, dans la défense de l'environnement. La marée noire déclenchée en mars 1989 par l'Exxon Valdez en Alaska lui inspire ainsi une élégie intitulée « Outrage at Valdez ». Tel est son avant-dernier combat, en attendant l'équipée tchécoslovaque.

De toutes les œuvres de Zappa, la plus aboutie est sans doute son opéra-rock *Joe's Garage*, publié en deux doubles volumes en 1979. Cette composition en trois actes est inspirée, tout comme le « Rock the Casbah » des Clash, par la décision de la République islamique d'Iran de bannir les concerts publics et la musique « étrangère ». Jamais monté sur scène, l'opéra suit les tribulations de Joe, depuis le garage de son adolescence et de son premier groupe, jusqu'à l'ère orwellienne où toute musique est bannie et où notre héros est « rééduqué » à l'isolement sensoriel. Joe en nourrit des hallucinations auditives, avec l'apparition d'une groupie céleste, Mary, qui énonce : « *L'information n'est pas la connaissance. La connaissance n'est pas la sagesse. La sagesse n'est pas la vérité. La vérité n'est pas la beauté. La beauté n'est pas l'amour. L'amour n'est pas la musique.* Music is the best. » Et Joe se transfigure dans le dernier solo de guitare de son imagination enfiévrée.

Cela s'appelle « Watermelon in Easter hay », un titre surréaliste qui peut maladroitement se traduire par « Pastèque dans le foin de Pâques ». Un nom de bluette ou d'aquarelle pour neuf minutes neuf secondes d'incandescence muette. C'est le morceau qui a porté ma peine, le 4 décembre 1993, quand, de passage au Nevada, j'y ai appris la mort de Frank Zappa dans la Californie voisine. L'information n'est pas la connaissance. La connaissance n'est pas la sagesse. *Music is the best.*

ALAIN DE BENOIST, DU NÉOFASCISME À L'EXTRÊME DROITE « RESPECTABLE »

Enquête sur une *success story* intellectuelle

PAR RAZMIG KEUCHEYAN

Longtemps, Alain de Benoist fut à contretemps. Alors que l'extrême droite, rendue infréquentable par les horreurs du nazisme et du fascisme, continuait dans les années 1960 d'en appeler au coup de force contre des pouvoirs politiques jugés trop libéraux, il s'employait à lui redonner un langage articulé. À lui fournir vocabulaire, idées et concepts susceptibles de se fondre dans le discours public comme des « poissons dans l'eau ». Et de regagner les cœurs et les esprits. Durant des décennies, à côté d'une extrême droite quasi moribonde et qui ne pensait pas, il a fondé groupes de réflexion et revues à un rythme frénétique, équivalent à celui de l'extrême gauche, qui occupait le devant de la scène sur les plans intellectuel et culturel. Les années passant, et la confusion politique s'accentuant, ses idées se sont imposées dans le débat avec une vigueur insoupçonnable, au point de s'immiscer dans la campagne de Trump. Savoir si elles se sont accordées à notre temps, ou notre temps à ses idées, est une affaire qui ne doit cesser de nous inquiéter.

« *Vous au moins vous m'avez lu* », me dit Alain de Benoist alors que je m'apprête à quitter son appartement du XIe arrondissement de Paris. C'est vrai : je l'ai lu, et dans le détail. Voilà des mois qu'une question me taraude : à quoi tient l'hégémonie de la droite aujourd'hui ? Est-elle aussi profonde qu'il y paraît ? Incapable d'y répondre, ou même de trouver la bonne manière de poser le problème, je décide de rendre visite au doyen des intellectuels de droite français. A. de Benoist n'est certes pas n'importe quel intellectuel de droite. Figure du Groupement de recherche et d'études pour la civilisation européenne (GRECE) et de la Nouvelle Droite dès les années 1960, directeur des revues *Nouvelle École* (fondée en 1968), *Éléments* (1973) et *Krisis* (1988), il œuvre depuis des décennies à la destruction des digues qui séparent l'extrême droite de la droite, et même du reste du champ politique. Mais, puisque l'époque est à la confusion politique, le rencontrer est une manière de trouver réponse à ma question.

Relativement discret, A. de Benoist occupe brièvement le devant de la scène médiatique en mars 2015. Répondant à un journaliste qui lui demande de quels intellectuels de droite il se sent proche, Michel Onfray déclare qu'il préférera toujours une « idée juste » d'A. de Benoist à une « idée fausse » de Bernard-Henri Lévy. Quelques jours plus tard, le Premier ministre Manuel Valls s'invite dans le débat : « *Quand un philosophe connu, apprécié par beaucoup de Français, Michel Onfray, explique qu'Alain de Benoist, qui était le philosophe de la Nouvelle Droite dans les années 1970 et 1980, qui d'une certaine manière a façonné la matrice idéologique du Front national, avec le Club de l'Horloge, le GRECE, [...] vaut mieux que Bernard-Henri Lévy, ça veut dire qu'on perd les repères...* » À cette déclaration du Premier ministre, Michel Onfray répond sobrement, quelques jours plus tard, que Manuel Valls est un « *crétin* ». Et d'ajouter : « *Moi, je suis vraiment de gauche.* [...] *Les repères sont perdus depuis que Mitterrand a converti la gauche à la droite.* »

MICHEL ONFRAY DÉCLARE QU'IL PRÉFÉRERA TOUJOURS UNE « *IDÉE JUSTE* » D'ALAIN DE BENOIST À UNE « *IDÉE FAUSSE* » DE BERNARD-HENRI LÉVY.

La voie culturelle

« *Pendant huit jours, ça s'enflamme, tous les journalistes m'appellent. C'est vraiment comique, j'ai publié plus de cent bouquins, deux mille articles, tout le monde dort, mais s'il y a une apostrophe de Valls et Onfray, alors là ça devient l'actualité...* », me dit Alain de Benoist lorsque je l'interroge sur le sens de la polémique opposant Onfray et Valls le concernant. Une idée énoncée par A. de Benoist, fût-elle « *juste* », ne sera jamais n'importe quelle idée, contrairement à ce que déclare, faussement naïf, Michel Onfray. Il est des cas où la personnalité du locuteur marque irrémédiablement le sens des mots employés, aussi banals soient-ils. Le projet politico-intellectuel d'A. de Benoist, depuis les années 1960, n'a pas varié : adapter les arguments de l'extrême droite à une époque où ils sont devenus inaudibles sous leur forme historique, celle des fascismes de la première moitié du XXe siècle [1].

La fin de la Seconde Guerre mondiale donne lieu à une poussée de la démocratisation. Du point de vue électoral, d'abord, puisque c'est à ce moment-là que survient la « révolution du suffrage universel », avec l'extension du droit de vote aux femmes et à d'autres catégories de la population jusque-là exclues dans de nombreux pays. Sur le plan économique, ensuite, le dynamisme du capitalisme d'après guerre induisant une réduction des inégalités (ou une stabilisation de leur augmentation), dans les pays du Nord à tout le moins. La progression de l'instruction, la généralisation des technologies de transport et de communication « *habituent l'œil à l'hétérogénéité des formes de vie* », comme dit le philosophe Jürgen Habermas. S'installe alors un « relativisme culturel », typique de la culture politique des dernières décennies du XXe siècle. La prise de conscience des atrocités nazies par l'opinion délégitime l'expression du racisme dans l'espace public. Le racisme ne disparaît pas, bien entendu, sa dimension systémique demeure. Mais, à l'approche du XXIe siècle, une « *norme antiraciste* » monte en puissance [2]. Cette évolution se cristallise au plan juridique. En France, les lois Pleven (1972) puis Gayssot (1991) pénalisent l'incitation à la haine raciale et les manifestations du racisme et de l'antisémitisme.

Dans ce contexte, être d'extrême droite n'est pas de tout repos. Trois voies se présentent à ceux qui persévèrent. La première est la marginalité. L'extrême droite groupusculaire existe depuis la fin de la Seconde Guerre mondiale, sous diverses formes, dans la plupart des pays européens. Elle fait des incursions occasionnelles dans l'espace public, mais demeure pour l'essentiel folklorique. La deuxième est la voie électorale. C'est celle choisie depuis les années 1970 par le Front national et ses homologues à l'échelle du continent. Au gré des crises du capitalisme et des recompositions idéologiques, certains de ces partis sont aujourd'hui au pouvoir, ou s'apprêtent à y accéder. Ce processus au long cours implique une prise de distance, plus ou moins nette selon les cas, avec les fascismes historiques [3]. La troisième est la voie culturelle. C'est celle adoptée par A. de Benoist et la Nouvelle Droite. L'objectif dans ce cas est de faire passer les idées d'extrême droite dans la culture *mainstream*, de les « *déghettoïser* ». Une critique virulente du folklore d'extrême droite avait été développée dès la fin de la guerre d'Algérie, en 1964, par Dominique Venner, dans une brochure intitulée *Pour une critique positive*, souvent qualifiée de *Que faire ?* de l'extrême droite française [4]. Cette brochure a été rééditée en 2013 par le Bloc identitaire.

L'un des principaux intellectuels d'extrême droite de la seconde moitié du XXe siècle, membre de l'OAS, Venner s'est suicidé en mai 2013 dans la cathédrale Notre-Dame, d'une balle dans la tête. Dans une lettre adressée à ses proches, Venner explique que ce geste est une protestation contre la disparition de la « *civilisation européenne multimillénaire* », dont la cathédrale est supposée être une des manifestations les plus hautes. A. de Benoist rendra un vibrant hommage à Dominique Venner lors d'un rassemblement organisé en sa mémoire. Sur la vidéo de cet « événement », on distingue, entre les prises de parole d'un Espagnol phalangiste et d'un Italien rouge-brun, ponctuées de chants (« Les Lansquenets », « La Petite Piste », « J'avais un camarade ») autrefois prisés par la Wehrmacht, au moins deux références, dans la bouche des orateurs, au « grand remplacement » tant redouté par Renaud Camus [5]. Dans sa brochure de 1964, Venner écrit : « *L'addition des mythomanes, des comploteurs, des nostalgiques, des arrivistes, des " nationaux ", donc, ne donnera jamais une force cohérente. [...] Il importe de développer partout et à tous les échelons la critique positive de l'action antérieure, de travailler collectivement à la nouvelle définition du Nationalisme. Il faut parler, écrire, s'expliquer, demander l'ouverture de la presse d'opposition nationale à ce travail. [...] Pleurer le passé ou pratiquer une politique de ressentiment serait aller à l'encontre du but poursuivi.*

La responsabilité de l'abandon de l'Algérie incombe, non au peuple trompé, mais au régime et aux politiciens (civils et militaires) qui dirigent le combat " national ". »

LA MÉTAPOLITIQUE EST UNE STRATÉGIE MISE EN ŒUVRE PAR LE PLUS FAIBLE CONTRE LE PLUS FORT.

Renoncer à unir les « comploteurs » et les « nostalgiques » est le fondement de la stratégie culturelle d'A. de Benoist. Tout comme la Nouvelle Gauche des années 1960 cherche à s'affranchir du poids mort que constituent à ses yeux les traditions communistes et sociale-démocrates, la Nouvelle Droite ne veut plus avoir à répondre de l'impuissance politique des extrêmes droites de l'époque. Cette stratégie, A. de Benoist lui donne un nom : « métapolitique », un terme aujourd'hui en vogue dans les milieux dits de la « Dissidence », organisés autour d'Alain Soral et Dieudonné. L'idée est simple : toute politique reposant sur une culture, quiconque est hégémonique dans la culture définit le spectre des politiques possibles. D'où l'idée qu'il faut agir sur ce qui se trouve en deçà (*meta*) de la politique, à savoir le langage et les catégories de la pensée. La métapolitique est une stratégie mise en œuvre par le plus faible contre le plus fort. Plutôt que de la combattre frontalement, le faible cherche à introduire patiemment ses catégories de pensée dans la culture dominante. Le résultat, nous l'avons sous les yeux aujourd'hui.

À Nouvelle Gauche, Nouvelle Droite

La Nouvelle Droite – une mouvance plutôt qu'un groupe clairement délimité – apparaît dans les années 1960. Ce n'est qu'une décennie plus tard que cette étiquette lui sera accolée. Elle est fondée par de jeunes intellectuels appartenant à la génération de la guerre d'Algérie, nés pour beaucoup dans la première moitié des années 1940 [6]. D'abord membres de la Fédération des étudiants nationalistes (FEN), un syndicat anticommuniste et raciste, ils collaborent à la revue *Europe-Action* (1963-1967) de Dominique Venner. Outre Alain de Benoist, François d'Orcival, aujourd'hui président du comité éditorial de *Valeurs actuelles*, compose la direction de la FEN. L'Algérie française et le soutien à l'OAS sont au programme, de même que l'apologie du régime d'*apartheid* en Afrique du Sud. A. de Benoist publie ainsi en 1965, sous le pseudonyme de Fabrice Laroche, une brochure intitulée *Vérité pour l'Afrique du Sud* [7].

Fondé en 1968 (avant les événements de Mai), le GRECE réunit des animateurs de la FEN, après la dissolution de cette dernière l'année précédente. Il prône un « *racisme européen* », soit l'idée que tous les peuples européens sont issus d'une même matrice fondée en nature. Ce racisme biologique se transformera avec le temps en racisme culturel, ou « ethno-différentialisme ». La référence à la nature, pourtant, demeure en arrière-fond jusqu'à nos jours, quoique sous une forme renouvelée. Le GRECE récuse toute appartenance partisane. C'est un collectif politico-intellectuel, comme il en existe tant à gauche dans les années 1960 et

1970. Son originalité réside précisément dans le fait qu'il importe ce modèle à droite.

Entre publication de revues et organisation de colloques, les mœurs du GRECE sont policées – on est loin du groupuscule d'extrême droite faisant le coup de poing. Rapidement, la Nouvelle Droite développe des réseaux internationaux. C'est ainsi qu'Armin Mohler, théoricien de la « révolution conservatrice » allemande et de la *Neue Rechte*, qui fut le secrétaire personnel d'Ernst Jünger, devient membre du comité de patronage de *Nouvelle École*. Grâce à ces réseaux, Alain de Benoist est aujourd'hui l'un des intellectuels français les plus traduits à l'étranger, la plupart du temps chez des éditeurs liés à l'extrême droite. Le GRECE compte sans doute un à deux mille adhérents au cours des années 1970, et jusqu'à quatre à cinq mille au milieu des années 1980 [8]. Il existe une quinzaine de groupes régionaux à cette époque. Le tirage d'*Éléments* en 1985 se situe entre 20 000 et 25 000 exemplaires. Alain de Benoist me dit qu'après le lancement de la nouvelle formule, les ventes se situent aujourd'hui à 15 000 exemplaires.

ALAIN DE BENOIST EST AUJOURD'HUI L'UN DES INTELLECTUELS FRANÇAIS LES PLUS TRADUITS À L'ÉTRANGER.

Gramscisme de droite

La définition la plus célèbre de la métapolitique a été développée par Alain de Benoist dans un texte intitulé « Pour un “gramscisme de droite” [9] ». De Benoist a très tôt compris le parti qui pouvait être tiré des idées de l'auteur des *Cahiers de prison* du point de vue d'une extrême droite en recomposition après la guerre d'Algérie. Gramsci a mis l'accent sur l'importance de l'« hégémonie » dans la bataille politique, sur la nécessité d'un travail sur la culture et le langage préalable à la prise de pouvoir : « *Je sais bien qu'à gauche on dit que c'est de la récupération. Non, ça renvoie à quelque chose de plus existentiel. J'ai toujours été passionné par la pensée de gauche. Quand j'avais dix-huit ans, je lisais Rosa Luxemburg, je prenais le train pour Amsterdam pour aller acheter les livres d'Anton Pannekoek. […] Quand on a lancé ce qui devait s'appeler la Nouvelle Droite, j'avais à convaincre mes amis que les idées étaient plus importantes que l'action politique. Donc j'ai utilisé stratégiquement Gramsci, en disant : “ Vous voyez, Gramsci avait compris que le travail intellectuel a de l'importance. Alors, ça a marché ou non ?”* »

La Nouvelle Droite se forme dans un contexte historique, les années 1960 et 1970, où les idées de gauche saturent l'espace public. D'où l'omniprésence des références à des penseurs révolutionnaires dans les écrits d'A. de Benoist, par l'entremise desquelles il cherche à convaincre son camp de l'importance de la reconquête intellectuelle. L'un des mythes savamment entretenus le concernant, énoncé par exemple dans ses *Mémoires* [10], est qu'il posséderait la plus grande bibliothèque privée de France. « *Deux cent mille livres, ils sont dans une maison de campagne* », m'assure-t-il lorsque je lui demande comment tous ces livres tiennent dans l'appartement dans lequel il me reçoit. La métapolitique absorbe l'air du temps. Elle se branche sur les débats dominants de l'époque de sorte à accéder au *mainstream*, et y faire passer en contrebande ses idées. Dans les années 1960, le *mainstream* intellectuel, c'est la gauche. L'appétence d'A. de Benoist pour la pensée de gauche persiste à ce jour : « *Je trouve qu'à la fois il y a un déclin de la gauche absolument terrible et, en même temps, c'est quand même la gauche qui a depuis quinze ou vingt ans écrit les choses les plus intéressantes.* » Pendant notre entretien, il cite, pêle-mêle, Ernesto Laclau, Karl Marx, Toni Negri, Moishe Postone, ou encore Cornelius Castoriadis.

LA NOUVELLE DROITE SE FORME DANS UN CONTEXTE HISTORIQUE, LES ANNÉES 1960 ET 1970, OÙ LES IDÉES DE GAUCHE SATURENT L'ESPACE PUBLIC.

Néolibéralisme et « sciences de la vie »

Les collectifs politico-intellectuels de cette période se caractérisent par un goût immodéré pour les scissions et les exclusions. La Nouvelle Droite n'échappe pas à cette règle. En 1974 est créé le Club de l'Horloge, avec notamment à sa tête Jean-Yves Le Gallou, Yvan Blot et Henry de Lesquen. Alain de Benoist et le GRECE évoluent au fil des années vers des positions de plus en plus anticapitalistes. Dans un texte paru dans *Éléments* en 1982, A. de Benoist va jusqu'à déclarer sa préférence pour le camp soviétique face à l'« *américanisme* ». Des deux grandes puissances de la guerre froide, l'URSS est à ses yeux la moins « *cosmopolite* ». Au moment de la chute du mur de Berlin, il cultive des liens avec les milieux ultranationalistes russes. Il entame notamment un dialogue avec Alexandre Douguine, théoricien de l'« empire eurasien », fondateur au début des années 1990, avec Edouard Limonov, du Parti national-bolchevique, dont il se dit qu'il aurait l'oreille de Poutine.

Le Club de l'Horloge se caractérise au contraire par son « national-libéralisme ». Il combine admiration pour la révolution néolibérale de Margaret Thatcher et Ronald Reagan, avec un nationalisme se réclamant des « sciences de la vie ». Les éditions Albin Michel publient ainsi en 1979 un ouvrage collectif du Club de l'Horloge, coédité notamment par Henri de Lesquen, Bruno Mégret et Yvan Blot, intitulé *La Politique du vivant*[11]. Le ton est donné : « *La Politique du vivant dénonce l'utopie égalitaire qui, avec ou sans Marx, conduira toujours au Goulag, parce qu'elle présente une image de l'homme contraire à sa nature. Après avoir analysé les conséquences catastrophiques de cette erreur de départ commise par le socialisme, le Club de l'Horloge développe une nouvelle conception de l'homme, à la lumière des sciences de la vie.* » Le Club de l'Horloge développe une stratégie d'« entrisme » au Front national. À la fin des années 1980, les « mégrétistes » se trouvent à la tête de la revue « théorique » du Front national, *Identités*. Ceci leur permet de diffuser leurs idées auprès d'un public – relativement – large[12]. Entre-temps, Jean-Yves Le Gallou aura pu théoriser le concept de « *préférence nationale* », dans un ouvrage lui aussi paru aux éditions Albin Michel, en 1985 : *La Préférence nationale : réponse à l'immigration*[13].

A. de Benoist, de son côté, n'a jamais été tenté par l'adhésion au Front national. Il n'est pas tendre avec le parti fondé par Jean-Marie Le Pen : « *À la tête du FN je crois qu'il y a un mépris total des idées. C'est très intéressant pour un parti qui réunit pas loin du tiers de l'électorat français, de n'avoir jamais sécrété ni un journal ni un livre ni un intellectuel…* » Il ajoute n'avoir jamais voté FN. Ce qui n'exclut pas bien sûr des convergences sur certains thèmes : « *Il y a certainement des gens qui nous lisent au FN, mais je sais aussi qu'il y en a qui nous lisent au NPA et à Lutte ouvrière. D'ailleurs, plusieurs collaborateurs d'*Éléments *viennent du NPA, de Lutte ouvrière ou des milieux anars.* » Le sous-texte est clair : les thèses promues par la revue gagnent du terrain à gauche.

Les liens entre le GRECE et le Club de l'Horloge ne sont jamais durablement rompus. Les membres du Club apparaissent régulièrement dans les publications dirigées par A. de Benoist. La mouvance Nouvelle Droite continue en ce sens d'exister. Récemment encore, Jean-Yves Le Gallou était interviewé dans *Éléments*. Présenté comme un « *spécialiste dissident de l'immigration* » – « dissident » signifie qu'il prend le contrepied de la « pensée unique », celle qui considère l'immigration comme un phénomène positif –, il y défend la « *remigration* ». L'« intégration » des immigrés et de ceux qui en descendent étant manifestement impossible, il s'agit de les renvoyer chez eux. Il ajoute que la culpabilisation de l'Allemagne pour les crimes nazis explique la politique d'accueil des réfugiés d'Angela Merkel : « *Et la repentance, surtout la repentance ! L'Allemagne culpabilisée depuis soixante-dix ans en est l'épicentre. Merkel a pris le risque d'encourager la submersion migratoire du Vieux Continent en prétendant faire jouer à son pays le rôle de "superpuissance morale"*[14]. »

L'influence de la Nouvelle Droite connaît un sommet à la fin des années 1970. En 1978, l'écrivain et journaliste Louis Pauwels crée le *Figaro Magazine*, vendu avec l'édition du *Figaro* du week-end. Plusieurs représentants de la Nouvelle Droite s'y expriment librement. A. de Benoist se voit confier la responsabilité des pages culturelles. Le *Fig Mag* connaît une diffusion de 500 000 exemplaires en 1981, au moment de l'arrivée de la gauche au pouvoir, et frôle même certaines semaines le million. Les positions iconoclastes des représentants de la Nouvelle Droite, l'hostilité à leur égard d'intellectuels de droite plus traditionnels, comme Jean d'Ormesson – quelques années auparavant directeur du *Figaro* – conduisent toutefois Pauwels à les marginaliser. Au cours de la décennie suivante, A. de Benoist se cherche une respectabilité. Elle passe par des autocritiques successives, dans lesquelles il affirme avoir rompu avec certaines de ses idées les plus extrêmes. Il suffit d'ouvrir un exemplaire récent d'*Éléments* pour s'apercevoir de ce qu'il en est vraiment. Une évolution, certainement. Une rupture, en aucun cas.

La création de *Krisis* en 1988 répond à l'objectif d'établir des passerelles avec d'autres univers intellectuels, de gauche en particulier. Des auteurs comme Jean Baudrillard, Alain Caillé, Serge Latouche et Régis Debray, parmi d'autres, publient des articles ou accordent des entretiens à la revue, voire offrent un espace d'expression à A. de Benoist dans leurs publications. Avec la chute du mur de Berlin, l'idée que la distinction entre la gauche et la droite est dépassée s'installe. Certains, comme Caillé, se raviseront rapidement, dénonçant publiquement les tentatives de récupération dont ils font l'objet par de Benoist [15]. La fascination exercée par la Nouvelle Droite dans certains secteurs de la gauche est ancienne. En juillet 1979, Guy Hocquenghem publie dans *Libération* une enquête intitulée « La Nouvelle Droite : contre, tout contre ». Elle provoquera une crise majeure au sein de la rédaction. Saluant l'« *audace théorique* » de ce courant, Hocquenghem invite à ne pas le « considérer simplement comme un nouveau travestissement de la vieille droite fascisante ». Dans un article paru dans *Marianne* en mars 2015 où il revient sur les « idées justes » d'A. de Benoist, Michel Onfray cite cette enquête d'Hocquenghem à l'appui de son propos.

L'illimitation du capital

Alain de Benoist, un anticapitaliste ? « *Le capitalisme, je l'analyse comme un fait social total, comme une entreprise de domination, dont l'essence est l'illimitation. Il faut détruire tout ce qui fait obstacle à l'extension planétaire du marché.* » Contrairement à sa variante de gauche, l'anticapitalisme de droite ne combat pas l'exploitation des travailleurs par le capitalisme. Il s'oppose à l'« illimitation » de l'accumulation du capital. Le marché met tout en équivalence, et détruit la singularité des cultures et des modes de vie. Il débouche sur une culture planétaire indifférenciée, dont l'épicentre est les États-Unis. D'où l'anti-américanisme de la Nouvelle Droite. Le « défi Disneyland », titrait *Éléments* à la fin des années 1980, au moment de la construction d'Eurodisney à Paris.

C'est son ethno-différentialisme qui conduit A. de Benoist à l'anticapitalisme. L'ethno-différentialisme affirme que chaque peuple a un « *droit à la différence* », c'est-à-dire le droit de vivre comme il l'entend. Ce droit, il l'exerce *chez lui*, raison pour laquelle ce droit s'accompagne d'une hostilité de principe aux migrations. L'ethno-différentialisme est la version de droite du « multiculturalisme ». Le racisme biologique étant devenu intenable avec l'émergence de la « norme antiraciste » déjà évoquée, il s'est transformé en différentialisme culturel. Les « Européens » ont bien sûr eux aussi leur « droit à la différence ». Dans un texte paru en 1974 dans *Éléments*, intitulé *Contre tous les racismes*, A. de Benoist déclare : « *Si l'on est contre la colonisation, alors il faut être pour la décolonisation réciproque, c'est-à-dire contre toutes les formes de colonisation : stratégique, économique, culturelle, artistique, etc. On a le droit d'être pour le Black Power, mais à la condition d'être, en même temps, pour le White Power, le Yellow Power et le Red Power* [16]. » L'ethno-différentialisme, c'est la « *décolonisation réciproque* », autrement dit chacun chez soi. L'idée que les Blancs sont victimes de racisme, et doivent à ce titre être défendus, a fait son chemin depuis. En témoigne l'usage fait par la droite et l'extrême droite du thème du « racisme antiblanc » au cours de la dernière décennie.

L'ethno-différentialisme d'A. de Benoist connaît une diffusion internationale. Il est aujourd'hui invoqué par les tenants du courant américain « alt-right », au nom de la défense de la « race blanche »[17]. Milo Yiannopoulos, l'auteur de l'un des manifestes du mouvement, y cite la Nouvelle Droite française comme une source d'inspiration[18]. En octobre 2013, A. de Benoist prononce une conférence lors d'un colloque organisé par le National Policy Institute, le principal *think tank* de l'« alt-right », qui ne cache pas son penchant pour le « suprématisme blanc », et dont le directeur, Richard B. Spencer, est coutumier de propos antisémites[19]. Chez A. de Benoist, l'ethno-différentialisme s'est mâtiné de positions tiers-mondistes. Il publie en 1982 *Europe, Tiers-monde, même combat*[20], où il défend l'idée que l'Europe est prise en étau entre les États-Unis et l'URSS, et qu'il lui faut trouver des alliés pour survivre. Or les peuples du tiers monde partagent son combat : leurs cultures et leurs intérêts sont piétinés par les deux grandes puissances. Raison pour laquelle leur lutte pourrait converger. Vingt-cinq ans plus tard, A. de Benoist publie dans une veine similaire une critique virulente du TAFTA, le traité transatlantique sur le commerce et l'investissement, où certains arguments d'*Europe, Tiers-monde, même combat* sont actualisés[21].

Europe, Tiers-monde, même combat fait aussi partie des lectures recommandées par le site d'Égalité & Réconciliation, le mouvement d'Alain Soral. Ce même site qui fait figurer sur sa page d'accueil une photo de Soral mêlée à celles de figures des luttes tiers-mondistes, parmi lesquelles Che Guevara et Thomas Sankara, et de Vladimir Poutine et Mahmoud Ahmadinejad. L'anticapitalisme de droite a une longue histoire. En France, elle remonte notamment au boulangisme[22]. L'originalité de la variante élaborée par A. de Benoist tient au « recyclage » permanent de thèmes venus de la gauche : « *Toute ma vie j'ai été confronté à la bêtise de la droite. C'est assez curieux, parce qu'on m'a toujours considéré comme un type de droite ou d'extrême droite, mais j'ai passé ma vie à critiquer la droite.* »

« *TOUTE MA VIE J'AI ÉTÉ CONFRONTÉ À LA BÊTISE DE LA DROITE* » – A. DE BENOIST.

Le « bolchevisme de l'Antiquité »

Alain de Benoist n'est pas seulement anticapitaliste, il est aussi antichrétien. Le christianisme est le « *bolchevisme de l'Antiquité* », selon son expression, un égalitarisme radical où Dieu confère une égale dignité à tous. Le Christ est un précurseur de Marx, et saint Paul de Lénine. Le christianisme est de surcroît une religion « orientale », puisqu'il est né au Moyen-Orient. Importé en Europe, il a supplanté la véritable religion des Européens : le paganisme. La célébration des paganismes antiques est un trait structurant de la Nouvelle Droite. Le courant Terre et peuple de Pierre Vial, cofondateur du GRECE et un temps membre du Front national, est celui qui l'a poussé le plus loin. Le paganisme est une vieille passion nazie, entretenue par Heinrich

Himmler notamment. Cette célébration s'accompagne d'une croyance en l'existence d'un peuple européen originel, les « Indo-Européens », auquel remonteraient par-delà leurs différences tous les peuples du continent.

Dominique Venner est l'auteur d'un ouvrage intitulé *Histoire et traditions des Européens. 30 000 ans d'identité*, où cette thèse est avancée[23]. Pourquoi une « identité » si ancienne ? La faire remonter à 30 000 ans permet d'affirmer que l'identité européenne n'est pas « judéo-chrétienne », mais (bien) antérieure à la christianisation du continent. Cela conduit également à ancrer cette identité en nature, à suggérer qu'elle survit depuis 30 000 ans aux péripéties de l'histoire. 30 000 avant notre ère, c'est le moment où l'homme de Neandertal disparaît, et où *Homo sapiens* demeure le seul représentant du genre humain en Europe. *Éléments* publie aujourd'hui encore régulièrement des articles fumeux et pleins de sous-entendus racisants de paléoanthropologie.

Son adhésion au mythe des « Indo-Européens », la croyance en la permanence de ce peuple à travers les âges expliquent l'antisouverainisme de la Nouvelle Droite : « *Je ne suis pas sur des positions souverainistes. Avec les souverainistes, on a souvent les mêmes ennemis, mais je pense que leur analyse est courte. Je ne crois pas que l'on va retourner à l'État-nation tel qu'il a joué un rôle à l'époque de la modernité. La souveraineté des États-nations aujourd'hui ne tient plus que par la peinture, que ce soit sur le plan financier, monétaire, l'endettement, la défense… Je suis toujours assez européen. Je suis pour une union politique de l'Europe, même si je ne vois pas comment elle serait possible dans l'immédiat* », me dit A. de Benoist.

SON ADHÉSION AU MYTHE DES « INDO-EUROPÉENS », LA CROYANCE EN LA PERMANENCE DE CE PEUPLE À TRAVERS LES ÂGES, EXPLIQUENT L'ANTISOUVERAINISME DE LA NOUVELLE DROITE.

Alain de Benoist est un européiste, un européiste d'extrême droite. Son européisme l'éloigne des droites radicales européennes actuelles qui, à l'instar du FN, sont pour la plupart souverainistes. Il le rapproche paradoxalement des élites européennes. La Nouvelle Droite est partisane d'une Europe des régions, à la fois infra- et supranationale. Cette hostilité à la souveraineté nationale procède notamment d'une critique de la citoyenneté moderne, une abstraction s'il en est. Comme Dieu, la citoyenneté abolit les différences entre individus, en accordant les mêmes droits fondamentaux à chacun.

Anticapitalisme, antichristianisme, antisouverainisme. Le point commun entre les trois ? L'antiégalitarisme, l'opposition à ce qu'A. de Benoist appelle l'« *idéologie du Même* ». Le capitalisme, le christianisme et la souveraineté nationale sont des manifestations d'un même phénomène haïssable sous-jacent : l'égalité.

Écologie intégrale

À partir de la fin des années 1970, une partie des écrits d'Alain de Benoist est consacrée à l'écologie, et notamment à la « décroissance » [24]. Depuis, l'extrême droite s'est emparée de ce thème, à tel point qu'il existe en France une pensée et des mouvements écologistes structurés qui en relèvent, qui cherchent par exemple à prendre pied dans les ZAD [25]. La revue *Limites*, sous-titrée *Revue de l'écologie intégrale*, est l'une des expressions de ce courant [26]. Elle est notamment animée par Eugénie Bastié, une jeune journaliste passée par *Causeur*, aujourd'hui chroniqueuse au *Figaro*, qui s'est illustrée récemment par ses saillies antiféministes. Plusieurs animateurs de la revue, dont Bastié, sont issus de la « Manif pour tous ». D'« *inspiration chrétienne* » et située « *par-delà le clivage droite/gauche* », la revue combat toutes les formes de « *démesure* ». La démesure, c'est le contraire de la conscience des « *limites* ». La surexploitation de la nature en est une manifestation. La volonté de changer la structure « *naturelle* » de la famille en est une autre. « Décroissez et multipliez-vous ! », titre la première livraison de la revue, qui affiche une hostilité ouverte à l'avortement et à la contraception. De la métapolitique à l'état pur : un branchement sur les débats politiques de l'époque – ici l'écologie – permet d'y introduire des idées réactionnaires.

À PARTIR DE LA FIN DES ANNÉES 1970, UNE PARTIE DES ÉCRITS D'ALAIN DE BENOIST EST CONSACRÉE À L'ÉCOLOGIE, ET NOTAMMENT À LA « DÉCROISSANCE ».

L'écologie d'extrême droite est parfois d'inspiration chrétienne mais, paradoxalement, elle peut dans d'autres cas procéder d'une critique du christianisme. Sur ce sujet comme sur d'autres, l'extrême droite est plurielle. L'intérêt précoce de la Nouvelle Droite pour l'écologie s'explique par son paganisme [27]. Le paganisme est une philosophie de la nature – une philosophie des « éléments » –, alors que le christianisme est anthropocentrique. La vision chrétienne du monde fait de l'homme le centre de la création et l'autorise à en exploiter le reste à sa guise. « *Dieu les bénit et leur dit : À vous d'être féconds et multiples, de remplir la terre, de conquérir la terre, de commander au poisson de la mer, à l'oiseau du ciel, à toutes les petites bêtes au ras du sol* », dit un passage de la Genèse [28]. Le paganisme, au contraire, conçoit l'homme comme partie intégrante de la nature. L'affinité élective avec certains courants de l'écologie, comme l'« écologie profonde » (*deep ecology*), est manifeste.

L'« enracinement » est un vieux thème d'extrême droite, dont Maurice Barrès a développé une version [29]. Il désigne le lien qui unit un peuple et une terre par le biais d'une culture. Le « *droit à la différence* » de chaque peuple émane notamment de son rapport intime à son territoire, à ses forêts ou ses cours d'eau. Si A. de Benoist critique le capitalisme, c'est parce qu'il produit du « *déracinement* ». C'est parce que la « *société de consommation* » planétaire détruit les cultures, et donc le lien unissant le peuple à sa terre. L'«*enracinement*» suppose au contraire le respect de la nature. Quant à l'argument démographique, selon lequel la source des problèmes environnementaux se trouverait dans la croissance de la population mondiale – une antienne réaffirmée lors de la primaire de la droite par Nicolas Sarkozy –, c'est un lieu commun de l'écologie conservatrice. «*L'écologie naît de cette claire conscience que le monde d'aujourd'hui est un monde plein*», dit A. de Benoist. Derrière la démographie, les migrations ne sont jamais loin. Le fondateur du Mouvement pour la remigration, Laurent Ozon, proche du GRECE, a fondé au début des années 1990 l'association Nouvelle Écologie et dirigé la revue écologiste d'extrême droite *Le Recours aux forêts*. Nommé en 2011 au bureau politique du FN par Marine Le Pen (il l'a quitté depuis), il y est chargé des questions environnementales.

À la fin des années 1980, A. de Benoist prend position en faveur des Verts et de leur candidat à l'élection présidentielle de 1988, Antoine Waechter [30]. Waechter lui-même a subi l'influence de courants écologistes conservateurs, et notamment du naturaliste genevois Robert Hainard. A. de Benoist salue la volonté des Verts de dépasser le «*clivage gauche/droite*», leur défense des identités régionales, et leur critique du «*règne de la quantité*». Un rapprochement s'opère également avec certains penseurs de la «décroissance», pour qui la gauche et le marxisme sont par essence «croissancistes», et qui considèrent comme légitimes les critiques de la croissance d'où qu'elles viennent. Dans un

A. DE BENOIST PREND POSITION EN FAVEUR DES VERTS ET DE LEUR CANDIDAT À L'ÉLECTION PRÉSIDENTIELLE DE 1988, ANTOINE WAECHTER.

texte de 1979, A. de Benoist écrit: «*Les écologistes ne retiennent de la "nature" que les aspects rêvés correspondant à leurs désirs. Les mêmes qui nous pressent instamment d'en revenir à la "nature", sont aussi ceux qui refusent des faits de nature aussi élémentaires que la sélection, l'inégalité, la hiérarchie – en affirmant que ces notions, propres à tout système humain vivant, ne sont pas extrapolables au milieu humain. Et ce sont encore les mêmes qui prétendent que l'on peut à volonté modifier l'homme en agissant sur son milieu – et par là le désengager des pseudo-fatalités biologiques* [31].»

Si la «norme antiraciste» oblige A. de Benoist à «dénaturaliser» son racisme, à le transformer en «droit à la différence» culturel, l'écologie lui permet de «renaturaliser» sa vision du monde. Introduire la nature en politique, affirme A. de Benoist, suppose d'en accepter toutes les conséquences. La sélection et les hiérarchies sont des faits de nature. Si on se propose de respecter cette dernière, comme y invitent les écologistes, il faut par là même reconnaître leur réalité. Au fil des années, A. de Benoist remplace l'apologie de la «sélection» et des «hiérarchies» par une pensée des «limites», par la critique de l'illimitation capitaliste et de ses effets sur l'environnement. Mais la nature ne disparaît jamais de son horizon politique.

Le peuple et le « politiquement correct »

« *Avez-vous gagné la bataille des idées ?* », demandé-je à Alain de Benoist. Quand la Nouvelle Droite se forme, l'espace public est saturé d'idées de gauche. Non que la gauche soit hégémonique, puisque la droite exerce le pouvoir sans partage dans la France des années 1960 et 1970. Mais les pensées critiques – le marxisme en particulier – sont à l'offensive, s'appuyant sur de puissants mouvements révolutionnaires de par le monde. Un demi-siècle plus tard, la situation a radicalement changé. Il ne reste rien des mouvements révolutionnaires en question, et le marxisme est allé de défaite en défaite. Les idées de droite ont le vent en poupe : « *Depuis quelque temps on sent que ça bouge. Intellectuellement, il y a un tas de gens qui disent des choses qu'ils n'auraient pas dites il y a dix ans, c'est certain. J'ai publié dans le dernier numéro d'*Éléments *un grand entretien avec Jacques Julliard. On n'aurait pas publié ça il y a dix ans, et Julliard n'aurait pas accepté d'être dans* Éléments. » A. de Benoist fait référence ici à un « *entretien vérité* » paru dans *Éléments* au printemps 2016. J. Julliard y évoque les méfaits de l'« *idéal du sans-frontiérisme* », qui explique que la gauche ait « *perdu le peuple* ». Selon J. Julliard, le prolétariat ne correspond pas à l'idée que s'en faisait la gauche. Il ne vote même plus pour elle. C'est pourquoi la gauche s'est inventé un « *prolétariat de rechange* », les immigrés, qu'elle n'a cessé de favoriser au détriment de la classe ouvrière « française ». D'où l'hostilité croissante de cette dernière envers l'immigration, dont le vote FN est l'expression.

Dans l'éditorial de la même livraison d'*Éléments*, A. de Benoist dénonce les « tenants de l'extase migratoire » et évoque « les pathologies sociales liées à l'immigration [qui] ne cessent de s'étendre ». Et il conclut : « [Les gens réels] *comprennent mal qu'on leur assure en même temps que les races n'existent pas mais qu'il faut promouvoir la diversité.* » La promotion de la « diversité » suppose de reconnaître la réalité des « races », puisque ce sont justement elles qui sont promues. Mais les tenants de la « pensée unique » interdisent que ces vérités soient dites. Cette construction intellectuelle serait toutefois incomplète si elle ne s'appuyait sur le « peuple », et même les « classes » : « *Il y a une montée de l'immigration, et pour de bonnes ou de mauvaises raisons, les gens en ont marre. On en conclut que si on est contre l'immigration on est de droite, et par conséquent il y a un mouvement de droitisation. Je n'y crois pas du tout. Il y a un tas de gens qui sont contre l'immigration mais qui ont aussi des réflexes de gauche, parfois même des réflexes de classe, sur quantités d'autres problèmes.* »

La métapolitique consiste à mélanger ses idées à celles du camp d'en face, au point de les rendre indistinguables, et à les attribuer au « peuple ». Les « gens » ont des réflexes de gauche, des réflexes de classe même, et c'est précisément pour cela qu'ils sont hostiles à l'immigration. Être vraiment de gauche, c'est cela. Il n'y a pas de mouvement de « droitisation » de la société française, contrairement à ce qu'on entend souvent. Ce qui passe pour de la droitisation est une opinion depuis toujours majoritaire, mais qui n'osait pas s'exprimer jusque-là.

LA MÉTAPOLITIQUE CONSISTE À MÉLANGER SES IDÉES À CELLES DU CAMP D'EN FACE, AU POINT DE LES RENDRE INDISTINGUABLES, ET À LES ATTRIBUER AU « PEUPLE ».

La bataille des idées

On a toujours tort d'accorder trop d'importance aux idées. Elles n'expliquent pas la marche du monde. Les peuples européens ne se sont pas massivement convertis au paganisme, et le souverainisme est largement dominant à droite et à l'extrême droite. C'est bien la preuve que la Nouvelle Droite n'est pas si influente. Comment penser alors l'hégémonie aujourd'hui ? Au cours des trente dernières années, le capitalisme a subi de profondes transformations : mondialisation, effondrement du bloc de l'Est et intégration de ces pays dans l'économie internationale, tournant capitaliste de la Chine et montée en puissance des BRICS, financiarisation, ou encore émergence du numérique. Ces transformations ont *objectivement* fait le jeu de la droite, et approfondi la crise des gauches, qu'elles soient réformistes ou révolutionnaires. Les délocalisations, par exemple, ont sapé la base sociale sur laquelle s'est construit le mouvement ouvrier depuis le XIXe siècle. Le numérique a approfondi la fragmentation du salariat, donnant lieu à l'« ubérisation » actuelle, et rendant difficile son organisation politique. La financiarisation a dépossédé les citoyens du peu d'emprise qu'ils avaient sur les processus économiques.

Dans le cadre de ces bouleversements du capitalisme, la droite était prête à saisir des opportunités. Elle ne s'en est pas privée. Mener une bataille des idées, c'est toujours la mener dans un contexte de crise. La crise elle-même a sa logique propre, et en l'occurrence elle a clairement favorisé la droite. Mais encore fallait-il que celle-ci mette en avant un projet cohérent. Soustraire des fractions significatives des classes populaires à l'influence de la gauche, et construire une opposition entre les intérêts d'une classe ouvrière supposée « française » et ceux d'« immigrés » plus ou moins récents, est une pièce centrale de ce projet. C'est dans ce mélange d'arguments de classe, critiques du capitalisme et invoquant le « peuple », et d'arguments racistes que la contribution de la Nouvelle Droite (et de courants du même type de par le monde) à l'hégémonie actuelle est la plus nette.

Ce registre argumentatif n'est pas le seul que l'on rencontre à droite aujourd'hui. Répétons-le : la droite et l'extrême droite, comme les gauches, sont plurielles. Mais il monte en puissance dans l'imaginaire des droites contemporaines. Le tournant « social » du Front national sous l'impulsion de Marine Le Pen et Florian Philippot en est une illustration en France [32]. L'approfondissement de la crise du capitalisme explique le succès grandissant de ce registre et lui promet un bel avenir.

Comment penser une contre-hégémonie ? Toute la question est de trouver, dans la crise actuelle, des éléments auxquels « accrocher » des propositions alternatives à celles de la droite, des propositions adaptées aux transformations du capitalisme. La bataille des idées ne se gagne pas au niveau des seules idées abstraitement conçues. Elle se gagne lorsque les idées résolvent au moins en partie la crise du système, tout en paraissant légitimes aux yeux de secteurs significatifs de la population. Et elles ne deviennent légitimes que lorsqu'elles permettent à cette dernière de donner un sens à sa vie quotidienne. La droite occupe le terrain, le temps presse.

1. Voir T. Bar-On, *Where Have All the Fascists Gone ?*, Routledge, Londres, 2007.
2. Voir É. Schweisguth, « Le trompe-l'œil de la droitisation », *Revue française de science politique*, vol. 57, 3, 2007.
3. Voir S. Crépon, A. Dézé, N. Mayer (dir.), *Les Faux-Semblants du Front national. Sociologie d'un parti politique*, Presses de Sciences Po, Paris, 2015.
4. Voir D. Venner, *Pour une critique positive*, Éditions Saint-Just, Paris, 1964.
5. À voir ici : http://www.dailymotion.com/video/x3041b9. Pour le commentaire de cette vidéo, voir E. Plenel « L'idéologie meurtrière promue par Zemmour » *Mediapart*, 4 janvier 2015.
6. Voir A.-M. Duranton-Crabol, « La "Nouvelle Droite" entre printemps et automne (1968-1986) », *Vingtième Siècle*, n° 17, janvier-mars 1988.
7. F. Laroche, en collaboration avec G. Fournier, *Vérité pour l'Afrique du Sud*, Éditions Saint-Just, Paris, 1965.
8. Voir A.-M. Duranton-Crabol, *loc. cit.*, p. 47.
9. Voir A. de Benoist, « Pour un "gramscisme de droite" », colloque national du GRECE, Le Labyrinthe, Paris, 1982.
10. A. de Benoist, *Mémoire vive*, entretiens avec François Bousquet, Éditions de Fallois, Paris, 2012.
11. H. de Lesquen *et al.*, *La Politique du vivant*, Albin Michel, Paris, 1979.
12. Voir J.-Y. Camus, « Le Front national et la Nouvelle Droite », *in* S. Crépon, A. Dézé, N. Mayer (dir.), *Les Faux-Semblants du Front national*, *op. cit.*
13. J.-Y. Le Gallou et le Club de l'horloge, *La Préférence nationale. Réponse à l'immigration*, Albin Michel, Paris, 1985.
14. Voir *Eléments*, n° 159, mars-avril 2016, p. 33.
15. Voir A. Caillé, « Lettre ouverte à Alain de Benoist, précisant une fois pour toutes que le MAUSS n'a rien à voir avec la Nouvelle Droite », disponible à l'adresse : www.revuedumauss.com.fr/Pages/ACTG.html.
16. Texte disponible sur le site du GRECE : grece-fr. com/ ?p = 3385.
17. Voir L. Raim, « Les défenseurs du peuple blanc contre la démocratie », *Revue du Crieur, n° 5*, octobre 2016.
18. Manifeste disponible sur le site : www.breitbart.com/tech/2016/03/29/an-establishment-conservatives-guide-to-the-alt-right.
19. La vidéo de cette conférence peut être vue ici : www.youtube.com/watch ?v=9HDoBJRt8WI
20. Voir A. de Benoist, *Europe, Tiers-monde, même combat*, Robert Laffont, Paris, 1982.
21. Voir A. de Benoist, *Le Traité transatlantique et autres menaces*, Pierre-Guillaume de Roux, Paris, 2015.
22. Pour une mise au point récente, voir G. Kauffmann, *Le Nouveau FN. Les vieux habits du populisme*, Seuil, Paris, 2016.
23. Voir D. Venner, *Histoire et traditions des Européens. 30 000 ans d'identité*, éditions du Rocher, Paris, 2002.
24. Voir A. de Benoist, *Demain la décroissance ! Penser l'écologie jusqu'au bout*, éditions Edite, Paris, 2007.
25. Voir M. Astier, « L'extrême droite tente de s'infiltrer dans les combats écologistes », *Reporterre*, disponible à l'adresse : reporterre.net/L-extreme-droite-tente-de-s
26. Voir le site revuelimite. fr
27. S. François, « La Nouvelle droite et l'écologie : une écologie néopaïenne ? », *Parlement(s), Revue d'histoire politique*, 2, 12, 2009.
28. Voir L. White, « The historical roots of our ecological crisis », *Science*, mars 1967.
29. Voir Z. Sternell, *Maurice Barrès et le nationalisme français*, Fayard, Paris, 2000.
30. Voir O. Dard, « La Nouvelle droite et la société de consommation », *Vingtième Siècle*, 91, 3, 2006, p. 132.
31. Voir R. de Herte (pseudonyme d'Alain de Benoist), « Les équivoques de l'écologie », repris *in* P. Vial (dir .), *Pour une renaissance culturelle*, Copernic, Paris, 1979, p. 75.
32. Voir aussi sur ce point J.-Y. Camus, *loc. cit.*, p. 116.

SPECTRES DE CHARLES MAURRAS

Comment le néomaurrassisme fabrique le « roman national » contemporain

PAR **WILLIAM BLANC**

Charles Maurras, le principal penseur du monarchisme français au XXe siècle, longtemps ostracisé en raison de son antisémitisme virulent et de son soutien au régime de Vichy, hante à nouveau les consciences politiques. Si des figures de l'extrême droite s'y réfèrent désormais explicitement, comme Marion Maréchal-Le Pen, Robert Ménard ou Patrick Buisson, ses idées circulent de manière plus voilée jusque dans les milieux souverainistes de gauche. C'est qu'en effet, le néomaurrassisme est en train de s'imposer *culturellement*. Il imprègne une production éditoriale vaste et calibrée, et passe par la répétition *ad nauseam*, *via* des auteurs comme Jean Sévillia, Max Gallo ou Loránt Deutsch, des idées-forces maurrassiennes – les « racines chrétiennes » et « royales » de la France, l'opposition entre « pays réel » et « pays légal »... –, largement relayées par les médias. Cet usage idéologique du passé répond directement à la conception maurrassienne de l'histoire : le meilleur outil d'édification du peuple.

« *Charles Maurras a été un penseur politique de premier plan, mais [l'Action française] ne se réduit pas à Charles Maurras par ailleurs. Ce sont aussi des adeptes de Bainville, qui était un grand historien qui a apporté beaucoup.* » Ces propos de Marion Maréchal-Le Pen à l'antenne d'iTélé le 27 avril 2016 doivent nous interroger. Assiste-t-on en France à un retour des idées de Charles Maurras ? Le chantre du « nationalisme intégral », du monarchisme et de l'antisémitisme d'État, immensément influent dans les années 1920 et 1930, a pourtant été discrédité après guerre en raison de son soutien au régime de Vichy et de son antisémitisme. De même, ses héritiers politiques directs ont longtemps eu une influence minime. Pourtant, la rhétorique maurrassienne semble s'imposer dans les idées, notamment à travers une vision de l'histoire selon laquelle la nation française existerait depuis le plus haut Moyen Âge, qu'elle serait par essence chrétienne et que sa cohésion historique serait due au long travail de construction politique des rois et des élites.

Aujourd'hui, et ce depuis une cinquantaine d'années, cette cohésion serait menacée : Mai 68 aurait constitué le début d'une rupture totale mise en œuvre par une gauche mondialisée et accentuée par un vaste mouvement migratoire remplaçant progressivement les Français dits « de souche » par des musulmans. Rien n'incarne mieux cette idée de l'histoire que cette phrase d'Éric Zemmour tirée de l'introduction de son livre *Le Suicide français* (2014) : « *Maurras exalta jadis les quarante rois qui ont fait la France ; il nous faut désormais conter les quarante années qui ont défait la France.* » La rhétorique maurrassienne semble même dépasser la seule droite extrême. Nathalie Kosciusko-Morizet n'a-t-elle pas dénoncé l'influence de Patrick Buisson, proche conseiller du président Sarkozy, en expliquant à l'antenne de Canal +, le 24 juin 2012, que son objectif était « *de faire gagner Charles Maurras* » ?

SELON NATHALIE KOSCIUSKO-MORIZET, PATRICK BUISSON, PROCHE CONSEILLER DU PRÉSIDENT SARKOZY, VOULAIT « FAIRE GAGNER CHARLES MAURRAS ».

Reconnus par des figures importantes du monde politico-médiatique, les militants royalistes semblent connaître un véritable renouveau. L'Action française étudiante (AFE) fait de nouveau parler d'elle à Aix-en-Provence, à Marseille, mais aussi à Bordeaux [1]. De son côté, le Centre royaliste d'Action française (CRAF), fondé à la suite d'une énième scission au sein du courant monarchiste, accueillait le 7 mai 2016, lors de son colloque, deux figures de l'extrême droite : Robert Ménard et Marion Maréchal-Le Pen. Cette dernière y déclarait, dans la continuité de ses propos du 27 avril : « *La France, c'est mon pays, la République est un régime, ce n'est pas à mettre sur le même plan. Je suis lasse, pour le subir systématiquement, de l'invocation des valeurs républicaines comme un réflexe pavlovien qui est une forme de paresse intellectuelle. [...] L'essentiel de l'histoire de France s'est fait sous la monarchie* » ; avant d'affirmer : « *Le Front national est peut-être le plus monarchiste des partis français, en ce sens où il est le dernier à défendre les fonctions régaliennes de l'État* [2]. »

Malgré tous ces signes, peut-on véritablement parler d'un retour du maurrassisme ? Charles Maurras (1868-1952) n'a que peu à voir avec les royalistes nostalgiques qui, au XIXe siècle, ont pu rêver à une restauration de l'Ancien Régime. Nationaliste convaincu et patriote sans concession, il est nourri par l'antisémitisme d'Édouard Drumont, l'affaire Dreyfus et les écrits de Maurice Barrès. Cela le pousse à voir la monarchie comme le régime le plus apte à faire triompher la cause nationale, en lieu et place d'une République accusée de plonger le pays dans la décadence et le déclin. Cette conversion « empirique », comme il la qualifiera lui-même, entérinée dans son *Enquête sur la monarchie* publiée en 1900, devient rapidement celle de l'Action française (AF), groupe fondé en 1899 qu'il marque de son influence. Bien plus que Barrès, dont il s'éloigne peu à peu, Maurras attire à lui de jeunes figures de l'extrême droite ; il construit en effet une pensée systématique qui séduit bien

MAURRAS A CONSTRUIT UNE PENSÉE SYSTÉMIQUE QUI SÉDUIT BIEN AU-DELÀ DES CERCLES TRADITIONALISTES.

au-delà des cercles traditionalistes. Son « nationalisme intégral » s'appuie sur l'idée que le « pays réel », existant depuis un passé ancien, serait étouffé par le « pays légal », l'État central jacobin aux mains des « quatre États confédérés » : « Les juifs, les francs-maçons, les protestants et les métèques [3]. » Après une période de marginalité politique et de militantisme violent, notamment dans le Quartier latin, à Paris, l'adhésion de l'AF à l'Union sacrée – qui a réuni une grande partie du spectre politique français dans la mobilisation contre l'Allemagne durant la Première Guerre mondiale – lui donne à l'aube des années 1920 une audience politique dépassant largement son cadre militant. La pétition qu'il publie dans *Le Figaro* en 1919, appelant à créer un « parti de l'intelligence », réunit ainsi nombre de grandes plumes de droite. Porteur d'une idéologie faisant la synthèse du nationalisme et du royalisme, le maurrassisme apparaît alors comme la seule alternative à droite à la IIIe République.

Maurras et le maurrassisme : échec politique, triomphe culturel

Cette ascension connaît pourtant rapidement un brutal coup d'arrêt. Non seulement l'AF ne réussit pas à percer lors des élections législatives de 1919, mais elle est condamnée par le Vatican en 1926. Cette rupture, provoquée par une vision utilitariste et patriotique du catholicisme – Maurras considère en effet la religion avant tout comme un outil de cohésion nationale –, est un coup terrible porté à l'organisation monarchiste, qui recrutait en partie dans les milieux de la petite bourgeoisie traditionaliste. Jamais le groupe réuni autour de Maurras ne s'en remettra, d'autant qu'il doit faire face, en parallèle, à la concurrence de structures s'inspirant du fascisme italien puis du nazisme. Nombre de jeunes maurrassiens se détournent ainsi progressivement, dans les années 1920 et 1930, de l'AF, à l'instar de Georges Valois, ancien directeur de la Nouvelle Librairie nationale, maison d'édition de l'AF, qui finit par créer en 1925 le Faisceau sur le modèle mussolinien. Ces défections, actées par la passivité de Maurras durant l'émeute du 6 février 1934, ne doivent pas être minimisées. Foncièrement germanophobe, la première génération maurrassienne, dont le maître lui-même, ne peut accepter que l'on aille chercher un modèle dans le régime allemand, dont elle craint l'expansionnisme. Pareillement, le virulent « antisémitisme d'État » de Maurras ne se conjugue pas forcément avec l'antisémitisme et le racisme national-socialiste, qui influencent tant des personnages comme Lucien Rebatet ou Louis-Ferdinand Céline. Confrontée à la question des anciens combattants israélites, une partie de l'AF assouplit légèrement, dans les années 1920, son rejet des Juifs en inventant le concept du « Juif bien né ».

L'échec politique de Maurras et des siens est néanmoins compensé par une énorme influence culturelle. *L'Action française*, c'est avant tout un journal quotidien fondé en 1908 dont la vente est assurée par les Camelots du roi, qui servent aussi de service d'ordre à l'organisation monarchiste. Son tirage atteint, durant ses périodes fastes, par exemple dans les années 1924-1926 sous le gouvernement du cartel des gauches, près de 90 000 exemplaires. L'AF, c'est aussi de nombreuses structures périphériques, comme la Nouvelle Librairie nationale et l'Institut d'Action française (IAF), privilégiant le combat culturel. Il s'agit en effet de faire pièce aux grandes institutions républicaines : l'École et l'Université, accusées de faire le jeu du « pays légal ». C'est sans doute sur le terrain de l'histoire que cette lutte est la plus rude. L'exaltation d'un passé idéalisé est en effet centrale dans le discours de l'AF. Dès 1903, Henri Rouzaud écrit ainsi : « *Nous sommes là quelques jeunes royalistes qui étudions l'Histoire. [...] Nous sommes d'avis qu'une campagne de propagande royaliste devrait être accompagnée d'une vulgarisation de l'Histoire vraie documentée [...] c'est par ce seul moyen que l'on pourra retourner l'opinion* [4]. »

L'EXALTATION D'UN PASSÉ IDÉALISÉ EST CENTRALE DANS LE DISCOURS DE L'AF.

Aussi, très vite, l'AF va-t-elle contester l'enseignement de l'histoire telle qu'il est pratiqué par les universitaires, qui érigent leur pratique en science méthodique, promouvant le recul critique face aux sources étudiées. Rien de tout cela ne vaut pour Maurras qui, comme l'explique Olivier Dard dans sa récente biographie du natif de Martigues, « *sélectionne dans le passé ce qui lui permet d'interpréter le présent et d'envisager de le transformer selon ses vues ; de même il lit les historiens en prenant en compte ce qu'ils peuvent conforter de sa vision d'une histoire nationale* [5] ». C'est exactement ce à quoi vont s'employer ses disciples. En 1905, Louis Dimier organise la récupération de la figure de l'historien Fustel de Coulanges, mort en 1889, promu pour l'occasion chantre d'une histoire nationale et d'un « nationalisme scientifique ». En 1906 est fondé l'IAF, véritable contre-université délivrant entre autres des cours d'histoire. En parallèle, l'organisation maurrassienne crée sa maison d'édition, la Nouvelle librairie nationale, qui devient vite une des institutions du nationalisme français et aide à promouvoir la vision maurrassienne du passé qualifiée d'« école capétienne ». Ce travail intellectuel se poursuit également dans la rue. Ainsi, de 1908 à 1909, les conférences du professeur Amédée Thalamas, qui a développé un récit critique de la vie de Jeanne d'Arc, sont violemment perturbées par les Camelots du roi.

Mais c'est surtout après la Grande Guerre que l'influence culturelle de Maurras atteint son apogée. Lui et nombre de ses disciples, comme Jacques Bainville ou Frantz Funck-Brentano, réussissent alors à s'imposer chez des éditeurs reconnus du grand public. Là encore, la diffusion de la *doxa* maurrassienne passe par l'histoire. Dès 1924, Fayard confie la toute nouvelle collection des « Grandes études historiques » à Pierre Gaxotte, jeune militant de l'AF et ancien secrétaire de Maurras [6]. On retrouve également

C'EST SURTOUT APRÈS LA GRANDE GUERRE QUE L'INFLUENCE CULTURELLE DE MAURRAS ATTEINT SON APOGÉE.

ce dernier, avec nombre d'autres collaborateurs du quotidien *L'Action française*, à la rédaction de l'hebdomadaire *Candide*, qui atteint vite des chiffres de vente records, avec, en 1936, plus de 450 000 exemplaires écoulés. Alors que s'opère un recul de l'AF sur le terrain militant, la publication de livres d'histoire constitue, pour beaucoup de maurrassiens, non seulement un moyen de prolonger leur combat politique, mais aussi une voie ouvrant à une reconnaissance sociale. C'est ce qu'explique Jean-François Bonhoure, spécialiste du milieu historien durant l'entre-deux-guerres : « *Ces auteurs sont parfois passés par des formations universitaires, comme Frantz Funck-Brentano à l'École des chartes, mais ne se sont finalement pas insérés dans le monde scientifique. Ils ont alors trouvé des débouchés dans des maisons d'édition puis, pour certains, à l'Académie française. Chez Flammarion, Frantz Funck-Brentano écrit des grandes sommes, mais il publie aussi dans des petites collections populaires.* »

Le succès de ces publications ne se dément pas, d'autant qu'au même moment le champ historique universitaire connaît un bouleversement profond. Développant l'histoire économique et sociale, et abandonnant les grands récits nationaux ou biographiques, la nouvelle école des Annales, menée par Lucien Febvre et Marc Bloch, laisse en effet le champ de la vulgarisation libre aux « capétiens ». Parmi ces derniers, outre Frantz Funck-Brentano, Jacques Bainville, membre de l'AF depuis 1900, publie en 1924 une *Histoire de France* qui est l'un des plus grands succès d'édition de l'entre-deux-guerres, vendue à près de 160 000 exemplaires entre 1924 et 1939, et à 63 000 entre 1940 et 1942. On y retrouve une vision du passé fortement influencée par Maurras : une France éternelle opposée depuis l'Antiquité à l'Allemagne, entrée dans une spirale de déclin depuis la Révolution et la victoire des « trois R » (Réforme, Romantisme, Révolution) face à ce que Maurras appelle les « trois C » (Catholicisme, Classicisme, Contre-révolution). L'enseignement de l'histoire à l'école, et plus largement l'éducation, concentre aussi les critiques de l'AF. Celles-ci émanent notamment du cercle Fustel de Coulanges, fondé en 1926 pour être « *un centre de résistance active contre tous ceux qui ont entrepris de se servir de l'École pour dissoudre la nation* ». Fréquenté par des personnalités très en vue de la droite d'alors, notamment les maréchaux Lyautey et Pétain, ce groupe milite pour une éducation élitiste et contre les pédagogues de gauche, comme Célestin Freinet [7]. L'élection de Frantz Funck-Brentano à l'Académie des sciences morales et politiques en 1928, de Jacques Bainville, en 1935, puis de Charles Maurras, en 1938, à l'Académie française symbolise l'aboutissement de la conquête du monde intellectuel par l'AF.

Mais tout s'écroule durant la Seconde Guerre mondiale. Même si certains jeunes maurrassiens rejoignent les rangs de la Résistance, la participation de quelques proches de l'AF au gouvernement de Vichy et à la mise en place de sa politique antisémite – comme Xavier Vallat, nommé à la tête du Commissariat général aux questions juives en mars 1941 – disqualifie pour longtemps le groupe royaliste [8]. Pire, le suivisme de Maurras – qui refuse la venue des Alliés au nom du principe de la « France seule » – à l'égard de Pétain, même aux heures les plus sombres de la Collaboration, provoque peu à peu une rupture nette avec le reste de la droite. À la Libération, la condamnation de Maurras pour « intelligence avec l'ennemi » annonce la fin du magistère de l'AF dans le champ politique français.

À LA LIBÉRATION, LA CONDAMNATION DE MAURRAS POUR « INTELLIGENCE AVEC L'ENNEMI » ANNONCE LA FIN DU MAGISTÈRE DE L'AF DANS LE CHAMP POLITIQUE FRANÇAIS.

Après guerre : tuer le père Maurras

Des tentatives de reconstructions politiques de la structure monarchiste après guerre ont pourtant lieu, mais elles achoppent vite sur un point central : faut-il oui ou non adapter la pensée maurrassienne aux mutations de la France contemporaine ? Entre les héritiers orthodoxes – regroupés autour de la Restauration nationale et de son journal, *Aspects de la France* – et hétérodoxes – menés notamment par Pierre Boutang autour de *La Nation française*, qui prend peu à peu ses distances avec l'antisémitisme de l'AF du premier XXe siècle –, les divergences s'accumulent. Alors que la Restauration nationale sera de presque tous les combats de l'extrême droite de l'après-guerre, soutenant notamment l'OAS, Boutang et ses partisans tenteront de se rapprocher des gaullistes, notamment après la mise en place de la Ve République. La correspondance entre Charles de Gaulle et le comte de Paris ouvre même, dans l'esprit de certains militants, un espoir de restauration monarchique lors des élections de 1965. Mais ces tentatives marginales se soldent à nouveau par un échec alors qu'*Aspects de la France*, revue dirigée à cette époque par Xavier Vallat, opte pour le candidat d'extrême droite pro-OAS Jean-Louis Tixier-Vignancour [9].

La fin des années 1960 est encore plus dure politiquement pour les héritiers divisés de Maurras. En effet, cette période voit l'apparition à l'extrême droite d'un courant nationaliste européen et néopaïen inspiré d'une idéologie développée par d'anciens SS comme René Binet ou Saint-Loup (pseudonyme de Marc Augier) au sein d'organisations comme Europe-Action, puis de groupes intellectuels comme le GRECE d'Alain de Benoist, figure de proue de la Nouvelle Droite [10]. Selon Nicolas Lebourg, historien spécialiste de l'extrême droite, « *la rupture observée dans les années 1930 continue après guerre et dans les années 1960-1970. L'extrême droite ne finit jamais de tuer le père Maurras. Europe-Action, fondée en 1963 par Dominique Venner, est d'ailleurs la meilleure entreprise de liquidation idéologique de l'héritage de l'Action française. Des hommes comme l'ancien SS René Binet, mort en 1957, se centrent d'abord sur la défense d'une Europe construite autour de l'idée de race blanche.*

Dominique Venner reprend en grande partie ce discours et explique dans son livre fondateur Pour une critique positive *(1962) que le nationaliste ne se bat pas pour la Nation, mais pour l'Occident et le monde blanc. Ils reprennent également l'idée d'un racisme biologique. Autant de prises de position qui heurtent le discours maurrassien. Il y a donc une véritable opposition entre les nationaux, héritiers de Maurras, et les nationalistes.* »

Il est d'ailleurs significatif que, à la fin des années 1960, Patrick Buisson lui-même, pourtant fils d'un Camelot du roi, ne s'engage pas au sein des structures se revendiquant ouvertement du maurrassisme mais adhère plutôt à la Fédération nationale des étudiants de France (FNEF), où se formeront plusieurs cadres du futur Front national. Celui qui deviendra en 2005 le conseiller de Nicolas Sarkozy restera proche du parti de Jean-Marie Le Pen tout au long des années 1970 et 1980, prenant un temps la direction de *Minute*.

Dépassés théoriquement, les plus jeunes maurrassiens tentent néanmoins d'actualiser la pensée du maître, de l'ajuster aux réalités contemporaines. Ces militants, parmi lesquels des gens comme Gérard Leclerc ou Bertrand Renouvin, ne parviennent néanmoins pas à infléchir la ligne de la Restauration nationale et scissionnent en 1971 pour fonder la Nouvelle Action française, rebaptisée Nouvelle Action royaliste (NAR) en 1978. « *Ils veulent rénover Maurras en l'adaptant à la situation de 1968*, juge l'historien Olivier Dard, spécialiste du maurrassisme. *C'est le thème du livre de Gérard*

DÉPASSÉS THÉORIQUEMENT, LES PLUS JEUNES MAURRASSIENS TENTENT D'ACTUALISER LA PENSÉE DU MAÎTRE ET CRÉENT LA NOUVELLE ACTION ROYALISTE.

Leclerc Un autre Maurras, *publié en 1974. Pour eux, l'antisémitisme et la germanophobie ne sont plus à l'ordre du jour. Il y a au fond une opposition forte entre une vieille garde marquée par la guerre, le procès Maurras ou le conflit Pétain-de Gaulle et puis ces jeunes gens qui vont vouloir revenir à ce qui a été pour eux le maurrassisme des origines, le fédéralisme, la défense des identités régionales, en le croisant avec la lutte de la petite unité contre l'État central, du pays réel contre le pays légal. D'ailleurs, certains éléments de la NAR vont se rapprocher de la deuxième gauche* via *des passeurs comme Maurice Clavel.* »

Malgré son ouverture, qui se poursuit dans les années 1990 et 2000 par un rapprochement avec les souverainistes de gauche – issus pour la plupart de la mouvance chevènementiste –, la NAR reste marginale au niveau politique. Même constat d'échec jusque dans les années 1980 dans le champ culturel où, là aussi, le repli du maurrassisme est patent. Certes, il existe çà et là des îlots culturels monarchistes et royalistes. *Les Cahiers de la Table ronde*, publiés dès 1944 (avant de devenir les éditions de la Table ronde l'année suivante), constituent par exemple une tentative de faire survivre le maurrassisme littéraire. Dirigée par Roland Laudenbach, qui participe activement à *La Nation française* de Pierre

Boutang, la revue publie des auteurs reconnus comme Jean Anouilh et quelques figures du mouvement des « hussards » (Roger Nimier, Antoine Blondin), qui s'oppose alors à l'existentialisme et aux auteurs engagés à gauche. Par la suite, cette maison s'illustrera notamment en prenant fait et cause pour l'Algérie française, puis connaîtra de nombreuses difficultés à la fin des années 1960 [11]. En ce qui concerne les écrits historiques, jadis terrain favori des maurrassiens, l'après-guerre n'est pas une période faste. Certes, les travaux de Pierre Gaxotte, notamment son livre consacré à la Révolution française (paru initialement en 1928 chez Fayard), sont réédités et connaissent un important succès populaire qui permet à leur auteur d'être élu à l'Académie française en 1953. Pareillement, *La Nation française* accueille en son sein des historiens, comme Michel Mourre. Mais cette apparente vitalité cache en réalité une défaite conceptuelle. Alors que l'école des Annales et le structuralisme triomphent, des compagnons de route maurrassiens devenus historiens, comme Philippe Ariès ou Raoul Girardet, s'ils restent proches des structures monarchistes et de Pierre Boutang, empruntent peu à peu les méthodes de l'Université, finissent par y être reconnus et se détournent d'une école capétienne qui ne voyait dans le passé qu'une arme politique à utiliser au présent [12].

Le retour de l'école capétienne

À la fin des années 1980, la chute du Mur et le repli de la gauche sont perçus dans les cercles royalistes comme autant de signaux d'un possible renouveau du nationalisme monarchique. Dans ce contexte, marqué également par la percée du Front national, apparaît une nouvelle génération de militants maurrassiens qui retrouvent en partie la radicalité du discours de la première AF, comme le futur journaliste Jean-Christophe Buisson, un des responsables de l'Action française étudiante, ou le futur présentateur télé Stéphane Bern, membre de la NAR. L'histoire redevient le cœur de leur combat. En plein bicentenaire de la Révolution française, Jean-Christophe Buisson interviewe Reynald Secher, défenseur du concept de « génocide vendéen ». Pour ce dernier, les massacres de la guerre de Vendée sont l'origine même des holocaustes modernes, notamment de la Shoah. Ainsi l'antisémitisme contemporain – dont celui de l'AF et de Maurras – est dédouané de toute responsabilité dans le génocide des Juifs [13]. Ce discours se double d'une critique des manuels scolaires, notamment ceux d'histoire, décrits par Sébastien Lapaque, lui aussi futur journaliste et alors secrétaire de l'Action française lycéenne, comme une « *arme essentielle au service du décervelage et de l'aliénation démocratique* [14] ».

À LA FIN DES ANNÉES 1980, L'HISTOIRE REDEVIENT LE CŒUR DU COMBAT DES JEUNES MILITANTS MAURRASSIENS.

Mais, à nouveau, cette génération de jeunes monarchistes se heurte au conservatisme de la Restauration nationale, qu'elle quitte à partir de 1992 pour se concentrer sur le combat culturel. Même parcours pour Stéphane Bern qui, après avoir été pendant près de huit ans membre de la NAR, en est exclu en 1999. Le discours de ces militants, pourtant, n'a que peu changé, notamment concernant l'histoire, à propos de laquelle ils continuent de développer, mais de manière cryptique, une vision directement issue de celle de l'école capétienne. Leurs efforts sont couronnés de succès au moment de l'arrivée au pouvoir de Nicolas Sarkozy. L'après-2007 voit en effet le passage sur le devant de la scène d'un courant qualifié d'« historiens de garde » – en référence aux « chiens de garde » de Paul Nizan [15]. Cherchant à remettre en avant un récit national n'ayant pour seule fonction que de promouvoir la cohésion et l'identité, et non pas, comme sont censés le faire les historiens, de comprendre les sociétés passées pour ce qu'elles sont, l'ancien président permet à une tradition historiographique en grande partie oubliée de renaître de ses cendres [16].

EN 2007, SARKOZY PERMET À UNE TRADITION HISTORIOGRAPHIQUE EN GRANDE PARTIE OUBLIÉE – L'ÉCOLE CAPÉTIENNE – DE RENAÎTRE DE SES CENDRES.

Celle-ci s'articule autour de plusieurs personnages qui ont pour la plupart croisé de près ou de loin la culture maurrassienne. L'un des plus connus est sans conteste Patrick Buisson. Se déclarant lui-même de culture « monarchiste » et « royaliste », il croit en effet que la politique est avant tout un combat culturel. Influencé par le théoricien communiste italien Antonio Gramsci, il n'en a pas moins retenu les leçons de l'AF, qui plaçait l'histoire au centre de son combat. Voilà pourquoi, tout auréolé de la victoire de son candidat à la présidentielle de 2007, il ne lui demande pas de poste à l'Élysée mais sollicite et obtient sans mal la direction de la chaîne Histoire, détenue à 100 % par le groupe TF1 [17]. Il ne l'a pas quittée depuis et, comme l'explique la journaliste Ariane Chemin, a transformé cette modeste télévision en outil visant à « *réécrire le roman national* ». Il s'y emploie en produisant une émission hebdomadaire, *Historiquement Show*, animée par Michel Field jusqu'en 2015 avant d'être reprise par Jean-Christophe Buisson, devenu directeur adjoint du *Figaro Magazine*. Si ce dernier a quitté l'organisation maurrassienne, ce n'est pas le cas d'autres figures œuvrant pour le retour d'une histoire nationaliste, comme l'avocat Jacques Trémolet de Villers. Ce dernier est à l'origine en 2016 du rachat par Philippe de Villiers et le parc d'attractions du Puy-du-Fou d'un anneau attribué à Jeanne d'Arc. L'opération fut l'occasion, en mars 2016, d'une grande cérémonie célébrant le passé patriotique et catholique de la France, en présence de nombreux élèves de Saint-Cyr et de Franck Ferrand, animateur d'émissions d'histoire sur Europe 1 – il a également officié, comme Stéphane Bern, à l'antenne de France Télévisions – et auteur de nombreux livres à succès. Peu leur importait sans doute, au fond, que l'anneau fût faux…

D'autres « historiens de garde » ont pu être en contact avec la Nouvelle Action royaliste. L'organisation fondée par Gérard Leclerc compte ainsi parmi ses proches Loránt Deutsch, acteur devenu auteur de récits historiques à succès, comme *Métronome*, vendu à plus de 2 millions d'exemplaires et adapté sur la chaîne France 5 en 2013. Le comédien ne fait d'ailleurs pas mystère de l'utilisation politique qu'il fait du passé : « *L'idéologie ne doit pas être détruite au nom du fait scientifique, c'est un peu un combat entre les matérialistes et ceux qui croient à quelque chose d'un petit peu plus idéologique* », explique-t-il à l'antenne de France Inter le 18 avril 2012 [18]. Il faut ajouter à cette liste Philippe Delorme, lui aussi ancien de la NAR, devenu en 2016 chroniqueur historique pour l'hebdomadaire d'extrême droite *Valeurs actuelles*.

S'ils ne sont pas organisés de manière organique comme au temps de l'AF, autour de structures établies comme l'IAF ou la Nouvelle Librairie nationale, les « historiens de garde » n'en constituent pas moins un réseau structuré. Ils n'hésitent pas à s'entre-promouvoir, à faire la publicité de leurs ouvrages respectifs ou à voler au secours les uns des autres lors des diverses controverses auxquelles ils se trouvent mêlés. Philippe Delorme est invité régulièrement dans les émissions de Franck Ferrand, et Stéphane Bern a soutenu Loránt Deutsch lorsqu'il a publié en 2013 avec Patrick Buisson un livre polémique consacré à l'écrivain Louis-Ferdinand Céline, dans lequel ils commettent l'exploit de passer quasiment sous silence l'antisémitisme de l'auteur de *Voyage au bout de la nuit*.

Dans toute cette mouvance, rares sont pourtant ceux à reconnaître ouvertement

S'ILS NE SONT PAS ORGANISÉS DE MANIÈRE ORGANIQUE COMME AU TEMPS DE L'AF, LES « HISTORIENS DE GARDE » N'EN CONSTITUENT PAS MOINS UN RÉSEAU STRUCTURÉ.

l'influence qu'a pu exercer pour eux l'école capétienne de l'entre-deux-guerres. Jean Sévillia constitue une exception notable. Rédacteur en chef adjoint du *Figaro Magazine* et membre du comité scientifique du *Figaro Histoire*, bimensuel lancé en 2012, il a été membre de la Restauration nationale à la fin des années 1960 avant de quitter cette organisation. Il a publié par la suite, chez Perrin, nombre d'essais historiques à succès – *Historiquement Correct* (2003) puis *Historiquement Incorrect* (2011), et enfin *Histoire passionnée de la France* (2013) – avant d'écrire en 2015 avec Jean-Christophe Buisson *Les Derniers Jours des reines* (coédition Perrin-Le Figaro Histoire). Nous parlant des auteurs qui l'ont influencé, il évoque sans ambages des grandes figures de l'Action française d'avant-guerre : « *Jacques Bainville est remarquable par sa façon de penser le monde et la politique historiquement. Il existe des leçons de l'histoire et on ne peut comprendre la politique et la société qu'en tenant compte des données du passé. J'ai également lu Frantz Funck-Brentano, même si c'est une historiographie terriblement datée, sans sources. Pierre Gaxotte a compté. C'est un véritable historien au sens moderne du terme, et j'ai lu son livre sur la Révolution française, même si les comparaisons qu'il fait avec le bolchevisme, que je crois juste du point de vue de la philosophie, fleurent bon l'anachronisme.* »

Le journaliste du *Figaro* ne cache pas non plus son sentiment concernant le succès rencontré par les émissions et les livres de Franck Ferrand, Lorànt Deutsch ou Stéphane Bern : « *Oui, il y a un renouveau d'une histoire capétienne, nationale, qui ne diabolise pas forcément la France d'avant 1789, sans pour autant être monarchiste. Éric Zemmour, par exemple, est très républicain, bonapartiste et gaulliste. Mais globalement, on peut dire qu'il y a un retour du roman national. Il s'agit de la traduction dans l'histoire d'un retour d'une réflexion autour de la nation. Il existe tout un courant de pensée qui ne s'est pas résolu à la fusion de la France ni dans l'Europe ni dans la mondialisation et qui va chercher des repères dans l'histoire.* »

Jean Sévillia pointe sans doute ici un élément essentiel. En effet, durant le XXe siècle, l'école capétienne se heurtait régulièrement aux tenants d'un roman national de gauche, comme Ernest Lavisse, historien et auteur des manuels scolaires les plus utilisés de la IIIe République. De même, dans les années 1980, les nouveaux programmes scolaires d'histoire mis en place par Jean-Pierre Chevènement, promouvant le retour à un récit républicain glorificateur, ont pu provoquer les foudres des maurrassiens. Aujourd'hui, ce n'est plus le cas, et les « historiens de garde » sont applaudis, y compris par des souverainistes jadis classés à gauche. Eux aussi pensent que la France connaît un déclin qu'il faudrait enrayer en mettant en avant un récit mythique du passé dans un souci de cohésion nationale. Cette alliance entre ceux que Grégory Chambat a appelés les « réac-publicains », où l'on trouve de nombreux anciens chevènementistes, et les tenants de la nouvelle école capétienne a été en germe dès la campagne de 1992 contre le traité de Maastricht, avant d'être entérinée en 2007 par Max Gallo, ancien responsable du Mouvement républicain et citoyen (MRC), dans un ouvrage qui annonce également la vision sarkozyste de l'histoire : *L'Âme de la France. Une histoire de la Nation des origines à nos jours*.

Depuis, le discours de toute cette mouvance s'appuie plus ou moins sur les antiennes de l'AF d'avant-guerre, l'antisémitisme en moins. Pour ses animateurs, l'histoire reste un outil au service du patriotisme. Il s'agit presque toujours de promouvoir l'idée qu'il existe depuis le plus haut Moyen Âge une France idéale, dont la cohésion serait aujourd'hui menacée par une « *crise identitaire* », expression employée par Stéphane Bern [19]. On retrouve là, souvent de manière implicite, l'idée qu'il y aurait un pays réel menacé non plus par les « *quatre États confédérés* », mais par l'ennemi du moment : les musulmans. Dans cette perspective, l'histoire critique promue par l'Université reste un adversaire. Mais c'est surtout, comme aux grands moments de l'AF, l'école et notamment les programmes d'histoire qui sont visés. Ceux-ci sont accusés, pêle-mêle, de favoriser le « *communautarisme* » (donc de menacer la cohésion nationale) en célébrant la « *repentance* », voire de vouloir complaire aux populations issues d'une immigration récente en proposant aux élèves d'étudier l'histoire extra-européenne.

IL EXISTERAIT DEPUIS LE PLUS HAUT MOYEN ÂGE UNE FRANCE IDÉALE DONT LA COHÉSION SERAIT MENACÉE PAR UNE « *CRISE IDENTITAIRE* ».

La Révolution française reste également une cible privilégiée pour cette nouvelle école capétienne. La plupart voient, à l'instar de Maurras, les événements de 1789-1795, et plus particulièrement la période de la Terreur, comme un moment marquant le début du déclin de la France. Pire, il y aurait une volonté de « *diaboliser* », comme l'affirme Jean Sévillia, l'histoire prérévolutionnaire – alors que le Moyen Âge et l'époque moderne sont enseignés avec distance à l'université et à l'école depuis plusieurs décennies. Au contraire, pour les historiens de garde, l'identité nationale doit tout, ou presque, aux monarques et à l'Église, comme l'explique Lorànt Deutsch dans une récente interview : « *Pendant 1 500 ans, la France s'est construite autour du trône et de l'autel, il faut bien en parler à un moment ! La République française n'a que cent cinquante ans, elle a un boulevard devant elle, mais elle a un sacré retard à combler* [20] *!* » Cette vision binaire se retrouve également dans les propos d'Éric Zemmour, à une nuance – de taille – près. L'essayiste ne place pas la rupture au moment de la Révolution, mais en 1970. Dans sa geste, le général de Gaulle incarne en effet le dernier roi qui aurait pu accomplir – s'il n'y avait eu Mai 68, l'émancipation des femmes et l'immigration – la « restauration » (le terme n'est pas anodin) de l'autorité du « père », détruite par la Révolution.

Maurras oublié, Maurras transformé

Malgré tout, cette nouvelle école capétienne n'est pas à proprement parler maurrassienne. Parmi les « historiens de garde », peu y font directement référence et beaucoup préfèrent mettre en avant la figure de Jacques Bainville. Le journaliste de l'*Action française* est en effet bien moins marqué que son maître, d'autant que, mort d'un cancer en 1936, il n'a pas été entaché par une quelconque proximité avec Pétain. Aussi fait-il l'objet, depuis une dizaine d'années, d'un intérêt renouvelé dans les cercles littéraires de droite. Jean Sévillia a été l'un des premiers à promouvoir la redécouverte de l'académicien en signant un article dans *Le Figaro Magazine* [21].

Par la suite, les livres de Bainville, notamment son *Histoire de France* et sa biographie de Napoléon, dont la diffusion, lors des dernières décennies du XXe siècle, était restée confidentielle, ont été de nouveau publiés. Ces rééditions ont été célébrées par des hebdomadaires à grand tirage, comme *L'Express* ou *Le Point*, et par des éditorialistes comme Franz-Olivier Giesbert. L'auteur capétien est par ailleurs aujourd'hui régulièrement cité par Max Gallo – en exergue de *L'Âme de la France* –, Alain Minc, Éric Zemmour ou Lorànt Deutsch, et parfois mis sur le même plan que des historiens bien plus sérieux et importants, comme Marc Bloch, dans certains journaux, comme *Le Figaro Histoire* d'octobre 2012. Cette nouvelle promotion de Jacques Bainville s'articule autour de plusieurs arguments : il serait tout d'abord un véritable autodidacte – ce qui est faux –, bien moins ennuyeux à lire que les universitaires, idée qui fait fi de son manque total de rigueur et de son adhésion à la *doxa* historique maurrassienne. Il n'aurait par ailleurs rien à voir avec l'antisémitisme promu par Maurras ; c'est ce qu'affirment par exemple Emmanuel Hecht de *L'Express* ou même Patrice Gueniffey, historien à l'EHESS [22]. Or cet argument est indéfendable : l'homme a été l'un des plus proches collaborateurs de Maurras et de l'Action française de 1900 jusqu'à sa mort, et ses propos antisémites sont très faciles d'accès pour quiconque se donne la peine de les chercher ; il a par ailleurs rédigé la préface en 1923 d'un livre hagiographique consacré à Benito Mussolini, à un moment où l'AF n'a pas encore rompu avec le fascisme [23].

Néanmoins, la récupération de Jacques Bainville est utile pour promouvoir un « *maurrassisme minimum* », pour reprendre une expression d'Olivier Dard, où l'enjeu n'est pas tant d'adhérer à l'ensemble du système idéologique de Maurras que de prendre chez lui ce qui pourrait servir au présent. Ces héritiers lointains emploient ainsi à l'égard du maître de l'Action française ce que les militants monarchistes appliquaient à l'histoire. Ils puisent dans son système ce qui les conforte dans leur vision du passé et de la nation. Le cas de Patrick Buisson est à ce titre révélateur : « *Il n'a jamais écrit sur Maurras et il le cite peu*, rappelle Ariane Chemin. *Il a surtout essayé de réécrire l'histoire de la guerre d'Algérie ou de la guerre d'Indochine. Mais il y a dans ses références, dans sa méthode des choses qui font penser à Maurras. Il a par exemple un usage très politique de l'histoire, mais aussi du catholicisme. La plus belle victoire du maurrassisme de Patrick Buisson advient en mars 2011 lorsque Nicolas Sarkozy fait entrer l'Église à l'Élysée, lors de la remise de la Légion d'honneur à Mgr Nicolas Thévenin. N'oublions pas également que la fameuse phrase sur les racines chrétiennes de la France qui apparaît dans les discours de Nicolas Sarkozy est d'inspiration buissonnienne.* »

DE NOMBREUX RESPONSABLES DES RÉPUBLICAINS FONT AUJOURD'HUI APPEL AU CONCEPT MAURRASSIEN DE « PAYS RÉEL » S'OPPOSANT AU « PAYS LÉGAL ».

En effet, la nouvelle fascination pour un maurrassisme « light », au-delà de Patrick Buisson, n'est pas qu'une simple curiosité et a des conséquences immédiatement observables dans le champ politique. De nombreux responsables des républicains font aujourd'hui appel au concept maurrassien de « pays réel » s'opposant au « pays légal ». Nicolas Sarkozy a tracé la voie, en novembre 2005, peu après que Patrick Buisson est devenu son proche conseiller, en évoquant, au sujet des émeutes dans les banlieues, le « *décalage [...] profond entre le pays virtuel tel qu'il est décrit à longueur d'articles et le pays réel* [24] ». Quelques années plus tard, c'est au tour de Jean-François Copé d'employer des propos similaires [25]. Mais, comme le remarque Ariane Chemin, c'est surtout dans l'évocation, à droite comme à gauche, des « *racines chrétiennes de la France* » que l'influence capétienne se fait le plus sentir. Quelles que soient les précautions de langage, cette vision de l'histoire favorise une conception excluante et identitaire de la nation, et est significative d'un glissement sémantique marquant la victoire des «capétiens». Il y aurait un «pays réel», chrétien par essence, qui serait menacé par des mœurs nouvelles et par des populations «exogènes», principalement musulmanes.

QUANT AU FRONT NATIONAL, IL SEMBLE LUI AUSSI REVENDIQUER PLUS OUVERTEMENT L'HÉRITAGE DE L'ACTION FRANÇAISE.

Quant au Front national, pourtant plus influencé à l'origine par les «nationalistes» de l'après-guerre que par les «nationaux» maurrassiens, il semble lui aussi revendiquer plus ouvertement l'héritage de l'AF, notamment sous le poids des militants souverainistes qui ont rejoint ses rangs. Parmi eux, Paul-Marie Coûteaux fait figure de passeur essentiel. Ce dernier a été dès la fin des années 1990 un intermédiaire entre les courants chevènementistes et monarchistes, et affirme, dès 2000, avoir «*une lecture capétienne de l'histoire* [26]». *Via* son parti satellite du SIEL, il se rapproche par la suite de Marine Le Pen, à qui il conseille, dans une note interne écrite en 2010, de lire en premier lieu le grand classique de l'école capétienne en se livrant à une analyse qui n'est pas sans rappeler celle d'Éric Zemmour: «*S'il ne fallait lire qu'un livre [...], ce serait à mon avis l'*Histoire de France *de Jacques Bainville. [...] Ses 580 pages valent à elles seules plusieurs années d'études de sciences politiques: non seulement elles restituent toute l'histoire de France, depuis les Gaulois jusqu'à Clemenceau (après ce n'est plus de l'histoire), mais surtout ces pages, très faciles à lire, montrent les constantes de la politique de la France, politique permanente de siècle en siècle – jusqu'à ce qu'on les pulvérise voici trente ans* [27].» Cette influence, au Front national, de la pensée maurrassienne sur la conception de l'histoire, que l'on retrouve dans les propos de Marion Maréchal-Le Pen à l'antenne d'iTélé le 27 avril qualifiant Jacques Bainville de «grand historien», est actée avec l'arrivée de Karim Ouchikh, bras doit de Paul-Marie Coûteaux au SIEL (avant de lui succéder en 2014 à la présidence). Devenu le «conseiller de Marine Le Pen à la Culture», il s'intéresse notamment aux programmes d'histoire, recommandant la diffusion d'un «*roman national fédérateur*» et soumettant ainsi le passé à un impératif nationaliste. Néanmoins, même au sein du FN, l'influence des militants proches de l'AF reste faible. Après avoir été candidat aux élections municipales en 2014 sous les couleurs du Rassemblement Bleu Marine, Élie Hatem, membre du CRAF, a quitté le mouvement frontiste pour se rapprocher de Jean-Marie Le Pen.

Impossible de tirer de tout cela la conclusion que nous nous trouverions devant une simple répétition de la situation des années 1930, durant lesquelles une AF faible politiquement dominait le champ culturel. Néanmoins, alors que les structures militantes monarchistes restent marginales, le discours du «*maurrassisme minimum*» porté par la nouvelle école capétienne infuse des pans entiers de la société. Comme si, dans une France secouée par ses angoisses face à une période troublée, les spectres de Maurras et de ses disciples venaient troubler nos nuits agitées.

1. D. Albertini et C. Bonnefoy, « À Aix, retour de flamme de l'Action française », *Libération*, 11 février 2016.
2. E. Bastié, « Marion Maréchal-Le Pen devant l'Action française : « Le FN est le plus monarchiste des partis français » », *Le Figaro*, 7 mai 2016.
3. L. Joly, *Naissance de l'Action française*, Grasset, Paris, 2015.
4. H. Rouzaud, *Sous les lauriers du Languedoc, l'œuvre d'un enraciné*, Privat, Toulouse, 1926, p. 42. Ce texte a été écrit à l'origine en 1903. Par la suite, Henri Rouzaud sera une des figures de l'IAF et de la Nouvelle Librairie nationale.
5. O. Dard, *Charles Maurras*, Armand Colin, Paris, 2013, p. 76.
6. P. Boutry, « L'Action française, la Révolution et la Restauration », *in* M. Leymarie et J. Prévotat (dir.), *L'Action française. Culture, société, politique*, Presses universitaires du Septentrion, Villeneuve-d'Ascq, 2008, p. 25-59 ; O. Dumoulin, « Histoire et historiens de droite, 1815-1990 », *in* J.-F. Sirinelli, *L'Histoire des droites en France*, t. 2, *Culture*, Gallimard, Paris, 1992, p. 327-398.
7. C. Valenti, « L'Action française et le Cercle Fustel de Coulanges à l'école de l'Antiquité (première moitié du XXe siècle) », Anabases, 4, 2006, p. 49-64 ; G. Chambat, *L'École des réac-publicains. La pédagogie noire du FN et des néoconservateurs*, Libertalia, Paris, 2016, p. 43-55.
8. L. Joly, *Vichy dans la « Solution finale ». Histoire du Commissariat général aux questions juives (1941-1944)*, Grasset, Paris, 2006.
9. J.-P. Gautier, *La Restauration nationale. Un mouvement royaliste sous la Ve République*, Syllepse, Paris, 2002, p. 61-69.
10. S. François et N. Lebourg, « Dominique Venner et le renouvellement du racisme », tempspresents.com, 23 mai 2013.
11. O. Dard, « Destins de la Jeune droite », *in* G. Richard et J. Sainclivier (dir.), *La Recomposition des droites en France à la Libération, 1944-1948*, PUR, Rennes, 2004, p. 333-342 ; P. Fouché, « L'édition. 1914-1992 », *in* J.-F. Sirinelli (dir.), *Histoire des droites en France*, *op. cit.*, p. 257-292.
12. G. Gros, « L'Action française, l'histoire et les historiens après 1945 », *in* O. Dard, M. Leymarie et N. McWilliam (dir.), *Le Maurrassisme et la Culture. L'Action française, culture, société, politique (III)*, Presses universitaires du Septentrion, Villeneuve-d'Ascq, 2010, p. 313-324.
13. *Aspects de la France*, 10 octobre 1991, p. 10.
14. *Ibid.*, p. 11.
15. W. Blanc, A. Chéry et C. Naudin, *Les Historiens de garde. De Lorànt Deutsch à Patrick Buisson, la résurgence du roman national*, Libertalia, Paris, 2016 (1re édition 2013).
16. Collectif, *Comment Nicolas Sarkozy écrit l'histoire de France*, Agone-CVUH, Marseille, 2008 ; N. Offenstadt, *L'Histoire bling-bling*, Stock, Paris, 2009.
17. A. Chemin et V. Schneider, *Le Mauvais Génie*, Fayard, Paris, 2015, p. 59-72.
18. Notons également que Jean-Christophe Buisson est un fervent supporter de Lorànt Deutsch, écrivant régulièrement des critiques élogieuses de ses textes : *Le Figaro Magazine*, 30 décembre 2009 ; *Le Figaro Magazine*, 2 juillet 2011 ; *Le Figaro*, 27 septembre 2013 et 11 octobre 2013.
19. *Le Monde*, 5 novembre 2012.
20. tvmag.lefigaro.fr, 10 juillet 2016.
21. J. Sévillia, « Bainville : cet historien fut un prophète », *Le Figaro Magazine*, 25 novembre 2000.
22. E. Hecht, « Bainville, prophète de la Seconde Guerre mondiale trop oublié », *L'Express*, 12 août 2011 ; P. Gueniffey, « Jacques Bainville historien », préface de J. Bainville, *Napoléon*, Fayard, Paris, 2005, p. XXI.
23. W. Keylor, *Jacques Bainville and the Renaissance of Royalist History in Twentieth-century France*, Louisiana State University Press, Baton Rouge, 1979, p. 276.
24. « Nicolas Sarkozy s'appuie sur la crise des banlieues pour 2007 », *Reuters*, 19 novembre 2005.
25. *Le Monde*, 2 août 2012.
26. H. Cucchetti, « L'Action française contre l'Europe. Militantisme royaliste, circulations politico-intellectuelles et fabrique du souverainisme français », *Politique européenne*, n° 43, 2014, p. 164-190.
27. Cité dans *Le Point*, 20 février 2015.

PROCHAIN NUMÉRO
JUIN 2017

Directeurs :
Hugues Jallon, Edwy Plenel

Rédacteurs en chef :
Joseph Confavreux, Rémy Toulouse

Création graphique :
Agnès Dahan Studio
Agnès Dahan, avec Corentin Perrichot

Direction de la publication :
Hugues Jallon

www.revueducrieur.fr

ISBN : 978-2-7071-9398-8
ISSN : 2428-4068
Diffusion Interforum

Achevé d'imprimer sur les presses
de l'imprimerie Loire Offset,
à Saint-Étienne.
Dépôt légal : février 2017
N° d'impression : 2017010137
Imprimé en France

MEDIAPART
8, passage Brulon
75012 Paris

La Découverte
9 bis, rue Abel Hovelacque
75013 Paris

FSC www.fsc.org MIXTE Papier issu de sources responsables FSC® C003309

La *Revue du crieur* est imprimée sur du papier issu de forêts gérées de manière responsable.